OCTAVE GRÉARD

DE L'ACADÉMIE FRANÇAISE

# EDMOND SCHERER

DEUXIÈME ÉDITION

PARIS
LIBRAIRIE HACHETTE ET Cie
79, BOULEVARD SAINT-GERMAIN, 79

1891

EDMOND SCHERER

1912

## OUVRAGES DU MÊME AUTEUR

PUBLIÉS DANS LA BIBLIOTHÈQUE VARIÉE

PAR LA LIBRAIRIE HACHETTE ET Cie

---

**De la Morale de Plutarque** ; 4e édition. 1 volume.
Ouvrage couronné par l'Académie française.

**L'Éducation des Femmes par les Femmes.** Études et portraits; 3e édition. 1 volume.

**Éducation et Instruction.** 4 volumes.

*Enseignement primaire* ; 2e édition. 1 volume.
*Enseignement secondaire* ; 2e édition. 2 volumes.
*Enseignement supérieur* ; 2e édition. 1 volume.

Chaque volume se vend séparément, broché. . . . 3 fr. 50

---

22021 — Paris. Imprimerie Lahure, rue de Fleurus, 9.

OCTAVE GRÉARD

DE L'ACADÉMIE FRANÇAISE

# EDMOND SCHERER

DEUXIÈME ÉDITION

PARIS

LIBRAIRIE HACHETTE ET Cie

79, BOULEVARD SAINT-GERMAIN, 79

1891

# PRÉFACE

## DE LA DEUXIÈME ÉDITION

On a appelé cette étude l'histoire d'une âme. C'est bien, en effet, l'histoire d'une âme que je me suis proposé de faire. Je n'ai pas vécu, comme on a paru le croire, dans l'intimité de Scherer. Je ne me suis même rencontré avec lui, chez des amis communs, qu'assez rarement, chaque fois, il est vrai, dans des circonstances faites pour me laisser un souvenir. Je n'ai eu qu'après sa mort le secret de cette intelligence à la fois si réservée et si hardie. On m'avait demandé un article sur le critique littéraire. J'ai voulu connaître l'homme, — l'homme tout entier, — dans ses origines morales, dans ses idées et ses sentiments, dans l'application de son « intellectualisme » à la théologie, à la philosophie, aux lettres, à la politique, à l'action. C'est ainsi qu'en travaillant à le comprendre pour moi-même, j'ai pu le révéler à d'autres, même, me dit-on, à quelques-uns de ceux qui l'ont le plus approché et le mieux aimé.

Cette seconde édition, bien qu'elle suive la première à quelques semaines d'intervalle, n'en est pas la simple reproduction. Je n'ai pas seulement mis à profit les observations qui m'ont été faites par une critique bienveillante sur certains points de détail. Une correspondance particulière m'a été communiquée, qui m'a permis de reviser mes impressions, parfois de les atténuer, plus souvent de les fortifier et d'y ajouter certains traits. Dans la peinture d'un homme qui n'a eu d'autre passion que la recherche et la confession de ce qu'il a embrassé comme la vérité sous les diverses formes qu'elle a successivement revêtues à ses yeux, la vérité est le seul intérêt qu'on puisse poursuivre, le seul que j'ai poursuivi.

Janvier 1891.

# EDMOND SCHERER

Dans une note annexée à un de ses derniers articles de philosophie sociale, comme un codicille destiné à fixer la suprême expression de sa pensée, Edmond Scherer écrivait : « Il y a deux classes d'hommes parmi ceux que la passion et le sérieux consacrent. Les uns se sont éveillés au sentiment du devoir, ils se sont épris de la perfection morale, ils ont entrevu cet idéal d'existence pure et sainte qui, une fois apparu, s'empare de toutes les puissances de l'être : en langage chrétien, ils se sont convertis. Et alors tout s'est conformé chez eux à la sublime vision. Leur attitude intellectuelle n'a plus été celle de la recherche, mais la défense d'une possession; leur esprit est devenu moins curieux et moins exigeant : ils admettent avec une secrète complaisance les solutions favorables à leur nouvelle conception des choses; ils passent volontiers à côté des objections, et, quand elles se présentent, ils évitent de les regarder trop en face; ils vont jusqu'à faire de certaines violences à leur conscience critique : préoccupés, je le veux, d'un ordre supérieur de vérités, ils ont perdu de leur loyauté envers le vrai. Le converti a renoncé à la science pour la croyance. Telle a été mon histoire à vingt ans. — Les autres ont reconnu l'autorité suprême du vrai; ils se sont dit qu'en définitive tout revient à une question de fait ou de logique, de preuve historique ou de démonstration rationnelle; ils n'ont pu se convaincre que des vérités mêmes qu'on appelle de foi ou de sentiment échappassent à la nécessité de se concilier avec les conditions de la pensée et les données du savoir. Là où la certitude ne semblait pouvoir être atteinte, ils ont appris à se récuser et à demeurer dans le doute.... La vie sainte et les croyances sur lesquelles elle repose ne sont par là ni profanées ni exclues; elles conservent leur beauté, elles restent un idéal et une force; mais elles ne peuvent plus prétendre qu'à une valeur phénoménale. La conception scientifique ramène toutes choses, si l'on ose s'exprimer ainsi, à l'histoire naturelle, et la religion a beau protester, elle rentre, comme tout le reste, dans la connaissance de la nature. Voilà où j'en suis venu à quarante ans. »

Sous quelles influences cette transformation s'était-elle opérée chez Edmond Scherer ? Quels en avaient été l'origine et les progrès ? Quels en furent les effets sur sa doctrine ? Ses sentiments étaient-ils toujours pleinement d'accord avec ses idées ? L'homme de quarante ans n'avait-il laissé subsister de l'homme de vingt ans aucune impression, aucune trace ? On ne le juge guère aujourd'hui que par les articles de politique militante qu'il a fournis à la presse depuis 1860 et par les travaux de critique littéraire qu'il a réunis sous le nom d'*Études de littérature contemporaine*. Et ces *Études* marquent admirablement son point d'arrivée ; mais elles indiquent à peine son point de départ, et sauf la confession *in extremis* que nous venons de citer, ce n'est que par allusions plus ou moins voilées qu'elles rappellent les premiers efforts de sa pensée, ses luttes douloureuses, ses déchirements. Or il n'est point d'homme peut-être qu'il soit plus nécessaire de replacer dans l'ensemble de sa vie pour en comprendre et en apprécier, comme il convient, la gravité fière et l'absolue sincérité. A l'attrait psychologique qu'offre, prise de loin aux sources profondes, l'analyse de cette intelligence passionnée, mais si sagace, si droite, si haute, s'ajoute l'intérêt des enseignements que la génération de ses idées fournit à l'histoire philosophique de notre temps. Par la portée de sa controverse comme par la puissance et la distinction de son talent, Scherer est du petit nombre de ceux qui porteront témoignage devant la postérité des crises de la pensée humaine au dix-neuvième siècle. Théologie, histoire, philosophie, lettres proprement dites, politique, sciences sociales, il a touché à toutes les matières et il n'abordait aucune question sans pousser l'examen jusqu'au point où son intelligence pouvait s'en détacher, apaisée, sinon satisfaite. Mais à travers la diversité des sujets qu'il traite avec supériorité, il est resté lui-même le sujet d'étude le plus solide, le plus attachant. Et c'est lui, c'est le fond de son esprit que nous voudrions essayer de ressaisir ici. Tâche complexe et délicate dont heureusement il a préparé les matériaux. Outre les éléments d'information épars dans ses ouvrages, il a laissé un certain nombre de notes manuscrites, « sa dépouille littéraire », qui appartiennent aujourd'hui à la Bibliothèque de Versailles. D'autres notes, d'un caractère plus intime, ont été recueillies par des mains pieuses et forment une sorte de trésor de famille où il nous a été permis de puiser. Grâce à ces documents, nous pouvons espérer peut-être de retrouver les traits essentiels et le lien du développement de sa vie.

# I

Edmond Scherer est né le 8 avril 1815, à Paris, sur le boulevard des Italiens. Il aimait à rappeler ce caractère précis de sa nationalité française. Par son père, il appartenait à une famille suisse, originaire du canton de Saint-Gall; au commencement du XVIIIe siècle, un de ses ancêtres vint habiter Lyon: la branche aînée resta en France, la branche cadette retourna en Suisse, où elle existe encore. Par sa mère, il avait du sang anglais et du sang hollandais dans les veines : Mlle Hubbard était la fille d'un banquier de Londres, établi à Paris, et d'une Néerlandaise, Mlle Van den Welden, célèbre par sa ressemblance avec la reine Marie-Antoinette. Son père, qui avait été associé à la direction de la banque en se mariant, mais qui cultivait les lettres et maniait agréablement le pinceau, mourut de la rougeole, dans sa trente-troisième année, laissant trois enfants : une fille et deux jumeaux. A dix ans, Edmond Scherer fut mis avec son frère Eugène à la pension de Blignières, dont les élèves suivaient les cours du collège Bourbon. Eugène se distingua tout d'abord par son application et ses succès : admis plus tard à l'École polytechnique, il fournit une brillante carrière dans le corps des ponts et chaussées, où il devint inspecteur général. Quant à Edmond, il ne marquait que par sa nonchalance. En huitième, il obtint un dernier accessit de version latine : ce fut tout l'éclat de ses débuts. Il en avait noté le souvenir dans un carnet qu'il prit peu de temps après l'habitude de tenir et qu'il n'a détruit que dans ses dernières années, après y avoir recueilli les traits de caractère ou les faits qui lui rappelaient sa première jeunesse. Il n'y faisait preuve d'aucune indulgence pour lui-même. « Je deviens, écrit-il, de plus en plus mauvais élève ; je traîne de classe en classe ; je saute la seconde, quitte la rhétorique sans l'avoir terminée et ne fais que quelques mois de philosophie. » Ceux qui l'ont connu à ce moment allèguent pour sa défense une santé délicate et une croissance trop rapide.

D'après son propre témoignage, la vérité est qu'il ne s'était jamais fait au régime de la pension. Les jours de congé qu'il allait passer à Auteuil, dans une maison de campagne appartenant à son grand-père, — la Thuilerie, — étaient des jours de délivrance. Il confesse avec une entière bonne foi qu'il n'avait aucun goût pour les exercices du collège.

Mais son intelligence ne restait pas inactive. Il lisait ses auteurs dans les traductions. Il savait par cœur des fragments de l'*Iliade* de Bitaubé. Il avait dévoré en quelques jours le *Salluste* de Dotteville. Dans le désir sans doute de se justifier à lui-même cette façon de travailler, il n'était pas loin de considérer comme un chef-d'œuvre les *Géorgiques* de Delille. Il se sentait surtout attiré vers la littérature contemporaine. Il en recherchait les productions hors de France, comme en France, en Italie, en Angleterre, en Allemagne. Dans la liste des livres qui avaient rempli ses loisirs en 1830, je relève pêle-mêle, comme il les indique, la *Correspondance* de Paul-Louis Courier, *Faust*, *Cinq-Mars* d'Alfred de Vigny, *Manon Lescaut*, *Silvio Pellico*, *Rob-Roy*, divers autres romans de Walter Scott, les *Considérations sur la Révolution* de Mme de Staël,

*Notre-Dame de Paris*, les *Consolations* de Sainte-Beuve, *Childe-Harold*, les *Mémoires* de Lord Byron. « Effet profond», dit-il, en parlant de cette dernière lecture. Il faisait ainsi son éducation lui-même, sans suite ni direction, ne consultant que son plaisir et l'inspiration du moment. Les peintures de mœurs le ravissaient ; la poésie l'enivrait : il adorait Lamartine. Il s'essayait lui-même à faire des vers. Il avait trouvé un complice dans un de ses camarades de collège, comme lui fils d'un banquier, Alfred Le Roux, que la politique éleva plus tard aux grandes charges, — vice-président du Corps législatif et ministre dans le cabinet Ollivier — mais qui conserva toute sa vie les habitudes d'esprit d'un lettré délicat. C'est avec lui aussi qu'Edmond Scherer jouait la comédie de salon. Il avait un remarquable talent de lecteur. « On me disait hier (note du 30 mai 1831) que ma vie n'a été jusqu'ici qu'un vaudeville. Pas tant, je crois, qu'une rêverie. »

La rêverie ne laissait point parfois de prendre un caractère de précocité hardie. « A quatorze ans, en 1829, trouvons-nous dans un fragment de son résumé autobiographique, j'écris les *Souvenirs d'un écolier*. Je me peins flottant entre le déisme, l'athéisme et le christianisme, finalement incrédule en Jésus-Christ : premier souvenir. — Trois semaines après, dégoûté de la corruption de mes camarades, je suis converti et je pense même à la carrière du ministère : deuxième souvenir. — J'ai été, en moins de deux mois, incrédule, déiste, puis humiliant ma raison et chrétien; maintenant je suis presque pyrrhonien, ou plutôt je vis dans un état d'indifférence produit par la fatigue et le choc continuel des idées : troisième souvenir. » La politique ne l'occupait pas moins que la religion. Comme toute la jeunesse libérale, il avait, dès le premier jour, pris parti contre le ministère Polignac et les Ordonnances. Mais la révolution de 1830 avait-elle complètement répondu au vœu de la nation? Était-ce assez d'un gouvernement constitutionnel? Pourquoi ne pas aller d'emblée à la république? Dans tous les sentiments de Scherer à ce moment on retrouve ces bouillonnements tumultueux. Il a des fougues de passion et des affaissements d'impuissance. L'impression qui domine est celle du découragement. Ses réflexions de 1831 contiennent ces deux lignes : « Préoccupation de la mort et de ce qui vient après; pensée de suicide; désir de partir pour l'étranger ». Ce qu'il traduisait plus tard en termes reposés dans une page où il racontait son histoire, comme s'il s'agissait d'un ami : « Si nous le voyons envoyé en Angleterre à l'âge de seize ans, il est permis de croire que ce fut un remède héroïque appliqué à un cas grave ».

Le remède réussit. Le 10 août 1831, il arrivait à Monmouth, chez le Révérend Thomas Loader. Monmouth, petite ville de cinq à six mille habitants, assise au confluent de deux rivières, était un lieu de retraite à souhait, entouré de promenades charmantes, de bois ombreux, de ruines pittoresques. Ce calme riant et l'existence recueillie dont il trouvait dans l'hospitalité du pasteur le conseil et l'exemple, produisirent tout d'abord sur Scherer une impression d'apaisement. Il ne semble point toutefois qu'il ait sur-le-champ renoncé à ses habitudes de rêverie. L'amour des vers français resta chez lui longtemps vivace. Il s'en défendait. « J'ai juré de ne m'y plus laisser prendre, » écrivait-il à Alfred Le Roux, et l'habitude, le goût, la verve l'emportait. Il a détruit toutes ces compositions de jeunesse, même celles qui se rattachent à son séjour à Monmouth. On sait seulement que sa muse, volontiers sémillante et gaie à ses heures, se complaisait surtout dans les descriptions psychologiques et l'analyse déliée des plus fins sentiments. Il ne pouvait espérer qu'elle lui donnât la vigueur morale qu'il était venu chercher si loin. Ce qui lui manquait, il en avait la conscience claire, c'était la force de vouloir. La possession de soi-même, qui devait être l'une des marques caractéristiques de son esprit, était jusque-là ce qui lui avait le plus fait défaut.

Une année ne s'était pas écoulée qu'un changement profond était accompli. Sa journée, telle qu'il la décrivait à sa mère (29 février 1832) se faisait de mois en mois plus réfléchie et plus pleine. En hiver, lever entre 7 et 8 heures; déjeuner à 8 heures et demie; à 9 heures, leçon d'anglais avec M. Loader; lectures et extraits; dîner à 2 heures et nouvelle séance d'anglais; thé à 6 heures; lectures et extraits jusqu'au souper, à 9 heures; coucher entre 11 heures et minuit. Au mois de juin, le soleil le trouve sur pied souvent dès 4 heures. Il s'isole, il s'oblige, il s'impose des plans de travail; il rapprend le grec, il lit Blackstone et Burke la plume à la main. « Tout est modifié en moi, s'écrie-t-il, non seulement mes habitudes, mais mes goûts et mes opinions. Je ne me reconnais plus. Je ne me soucie plus de Paris et je me chante à l'oreille les vers d'Horace :

> . . . . . *Mihi jam non regia Roma,*
> *Sed vacuum Tibur placet aut imbelle Tarentum.* »

A ces études, encouragées plutôt que contrôlées par le Rév. Loader, se mêlaient des discussions théologiques, des explications de la Bible, des méditations pieuses. Toutes les forces de son intelligence et de son âme étaient occupées. L'espèce d'atonie dont il souffrait avait fait place à une énergie d'application soutenue. De nouveaux horizons s'étaient ouverts à son regard, sereins et fortifiants. Pour la première fois la vie lui apparaissait avec ses devoirs et son idéal. Le sentiment chrétien l'avait pénétré. Le carnet de 1832 se termine par un mot qui marque le dénouement de cette première révolution morale : « 25 Décembre; Noël : conversion ».

C'était le moment où la rénovation religieuse qui a pris dans l'histoire du protestantisme le nom de Réveil se développait avec une recrudescence de force et d'éclat. Une double tendance en marquait le caractère : d'une part, le retour à la dogmatique calviniste du XVI<sup>e</sup> siècle, en particulier à la doctrine de l'état radical du péché dans l'homme, de sa condamnation inévitable et de sa justification gratuite par la foi; d'autre part, le besoin d'une piété plus intérieure. « La foi était devenue un credo : il ne s'agissait que d'en posséder le mécanisme et d'en répéter la formule » — c'est Scherer qui, trente ans après, analysait lui-même le travail des esprits en ces termes : — « plus de contemplation, plus de poésie. Quand l'âme humaine se tournait de la terre vers le ciel, demandant qu'on étanchât sa soif éternelle, on lui répondait par d'arides recettes ou de stériles syllogismes. L'amour du passé était une hérésie; l'attachement aux formes du culte, une superstition; le goût de l'adoration, de la pénitence, du sacrifice, une infidélité. Tout ce qu'il y a de vague et de tendre, tout ce qu'il y a de religieux dans la religion était négligé ou ravalé. » Replacer le fidèle en présence de la Bible et de l'Évangile, c'est-à-dire de la parole divine, tels étaient l'objet et le bienfait du Réveil.

Cette étude directe des livres saints n'allait-elle pas provoquer les controverses et susciter les doutes? « Terrible question, écrivait dès 1835 Thomas Arnold, le vénérable instituteur de Rugby; mais il n'importe, il faut que la crise ait lieu; et en dépit des craintes des faibles et des clameurs des fanatiques, elle aura pour résultat d'établir plus solidement la vérité chrétienne. » Scherer ne devait pas manquer de relever un jour ce témoignage. Mais ce n'est pas de ce côté qu'inclinait alors sa pensée. Le spectacle des croyances rajeunies au milieu desquelles il s'était trouvé tout d'un coup transporté l'avait ravi. Son directeur de conscience, si l'on peut appeler de ce nom le Rév. Loader, était profondément attaché aux idées du jour. Toute une littérature était éclose, — roman, poésie, instructions pastorales, — destinée à faire renaître dans les âmes le désir du recueillement, les pieuses ardeurs et les délicates jouissances du mysticisme. Scherer s'en nourrissait comme d'un aliment préparé tout exprès pour les besoins de son imagination et de son cœur. Ce que la dogmatique calviniste ajoutait de logique un peu sèche aux généreuses aspirations du Réveil n'était point pour lui déplaire. Sa foi trouvait son compte dans ces prescriptions froidement impératives qui s'imposaient à son intelligence et maîtrisaient sa volonté. Cet effort d'ascétisme était comme la revanche qu'il prenait sur son esprit trop longtemps inerte.

Le Rév. Loader était lui-même un rigoriste. Le premier dimanche qu'il passa à Monmouth, Scherer avait pris un livre, à son habitude, et s'en était allé faire une promenade dans la campagne. Au retour, la femme du pasteur lui avait demandé, les larmes aux yeux, de ne plus jamais infliger à son maître le chagrin d'une telle profanation du saint jour, et Scherer s'était strictement conformé à cette prière. Ce que nous savons de ses sentiments à cet âge le représente tout enveloppé dans sa foi. « La foi, disait Vinet, est un désir, la foi est un hommage, la foi est une promesse, la foi est presque un amour. Croire, c'est regarder; c'est un regard attentif, sérieux et prolongé, un regard plus simple que celui de l'observation, un regard qui regarde et rien de plus : regard naïf, regard d'enfant, regard où toute l'âme se porte, regard de l'âme et non de l'esprit, regard qui ne prétend pas décomposer son objet, mais le recevoir tout entier dans l'âme par les yeux. » C'est sous les traits de ce mysticisme confiant et résolu que Scherer nous apparaît à la première heure de sa conversion.

Dix ans après, il dépeignait lui-même cet état de son esprit en retraçant une scène dont le souvenir lui était cher. Il avait remarqué à Monmouth, au service divin, une jeune fille dont les parents étaient réputés pour leur indifférence. Peu à peu l'enfant avait attiré sur les bancs de l'humble chapelle sa mère, son père, tous les membres de sa famille. Elle tomba malade, et un jour le père vint frapper à la porte du presbytère pour demander au pasteur de l'aller voir. « Nous partîmes au lever du jour, écrit Scherer, par un clair soleil qui faisait bondir mon cœur tout enivré des merveilles d'une nature de printemps..... La jeune fille avait conservé la beauté régulière de ses traits et les couleurs de la santé; mais ses parents ne se faisaient pas d'illusion sur son sort et ils ne craignaient pas de parler devant elle librement. Le pasteur lut à haute voix et expliqua quelques versets de l'Évangile. Ensuite nous tombâmes à genoux et nous joignîmes nos cœurs dans une fervente prière. La malade seule était restée assise, appuyant ses coudes sur une table et cachant sa figure entre ses mains. Quand nous eûmes prié, elle releva la tête : ses yeux étaient mouillés de larmes; mais son âme, disait-elle, était paisible. Pour moi, j'étais plein d'un étrange intérêt à la vue de ce calme simple et naïf. Je ne la revis plus. Mais j'appris qu'elle s'était endormie peu de temps après de son dernier sommeil; et souvent j'ai pensé avec un mélange de tristesse et de joie à celle qui repose maintenant sous les ombrages de la vallée en attendant le jour de la résurrection. »

Nul doute qu'à ce moment l'idée qui lui avait autrefois traversé l'esprit de se consacrer au ministère évangélique ne s'y fût sérieusement fixée. Mais tel n'était pas le vœu de sa mère. Rappelé à Paris, il dut reprendre le cours interrompu de ses études. Bachelier ès lettres en 1833, il s'inscrivit à la faculté de droit et subit avec succès les deux premiers examens. Cependant ces études juridiques étaient loin d'absorber son temps. Il suivait les cours de la Sorbonne, particulièrement celui de Saint-Marc Girardin, qui avait pour objet la littérature philosophique du XVIIIe siècle, et celui de Jouffroy, qui traitait de la destinée de l'homme. Dans la seconde période de sa vie, il s'est montré sévère pour Victor Cousin et son école. A ce moment, la sincérité de Jouffroy paraît l'avoir touché. Ah! s'il eût pu résoudre le problème qu'il avait soulevé! Mais ce qu'il y avait de flottant et de triste dans le spiritualisme du jeune maître, le vague de ses sentiments religieux, sa doctrine même sur la nature des religions et leur renouvellement à travers les âges, déconcertait sa pensée. L'éloquence familière et mordante de Saint-Marc Girardin avait plus de prise sur son esprit. Il aimait à entendre ce professeur de belles-lettres prendre la défense de l'Évangile contre les sarcasmes de Bayle et développer la maxime « que l'homme ne s'appuie que sur ce qu'il n'a pas créé ». Cependant, à la réflexion, il se demandait quelle pouvait bien être, au fond, la portée « d'un christianisme de cours littéraire ». Ces confessions de foi, inattendues le plus souvent et poussées à l'effet, ces démonstrations métaphysiques semées de saillies voltairiennes, laissaient dans le malaise sa conscience rigide. Il aurait voulu, pour l'exposé des principes auxquels il avait attaché sa vie, une chaleur moins oratoire, une franchise plus désintéressée du succès. « On ne saurait professer à demi ses croyances, disait-il : elles ne valent qu'autant que l'homme s'y met tout entier. »

C'est dans cet esprit attentif, recueilli, presque austère, qu'il poursuivait les travaux dont il avait pris le goût en Angleterre. Sous le nom de *Mélanges*, il avait commencé la rédaction d'un gros in-quarto où il se proposait de consigner le fruit de ses études. C'était une habitude de famille. Son père lui avait laissé de pleins registres de notes qui attestent une grande activité d'esprit. Mais ce recueil est pour lui-même, je crois, le premier témoignage des pratiques de travail ordonné dont il ne devait plus se départir. Ouvert en janvier 1833, il dut se continuer jusqu'en 1836 — les dernières feuilles ont été ultérieurement recouvertes par des fragments de journaux — et l'on est frappé tout d'abord de la richesse des lectures dont le souvenir y est relaté. A l'analyse d'un exposé fait à la conférence Molé sur la législation du commerce des grains succède un résumé des premières civilisations de la Grèce; un extrait de l'introduction de Thurot à l'histoire de la philosophie précède une note sur le rôle du capital et du revenu dans les emprunts; une même page contient des remarques relatives au système d'écriture des Chinois et une observation de Coleridge touchant les rapports de l'Église et de l'État. La curiosité de Scherer était éveillée dans tous les sens. Il avait soif de compléter son instruction première. Les auteurs anglais n'étaient pas mis à contribution avec moins de zèle que les livres français. La langue anglaise lui était devenue si familière pendant son séjour à Monmouth, que, son frère étant venu le voir, il n'avait pu retrouver tout de suite l'usage du français, au grand scandale de tous les membres de la famille. Quelques indications recueillies en allemand sur des publications allemandes témoignent que, de ce côté aussi, il était en mesure de s'ouvrir les voies. Mais cette dispersion d'efforts n'était qu'une satisfaction donnée aux appétits de son intelligence. Une préoccupation supérieure, la préoccupation religieuse. en était, au fond, l'unique ou tout au moins l'essentiel objet.

Le premier de ses extraits porte sur Kant, et ce qu'il y trouve, c'est la confirmation de sa foi. « En résumé, écrit-il, faisant siennes les conclusions d'un commentateur de Kant, pour l'homme qui cherche une règle à ses actions, le résultat le plus important de la *Critique de la raison pure*, c'est d'avoir circonscrit le domaine où la spéculation peut connaître, savoir, prononcer sur les objets qui ne sont pas ceux d'une expérience sensible, d'avoir irrévocablement placé hors de toutes les atteintes du raisonnement la question du libre arbitre, de l'immortalité de l'âme, de l'existence de Dieu. Dès lors si je trouve en moi une source d'assentiment pour ces vérités de conscience, je m'y abandonnerai et je rirai des vains arguments de la spéculation qui là-dessus ne peut rien m'apprendre. Je craindrai même de savoir quelque chose de mes devoirs, de Dieu, de mon âme, convaincu que, s'ils étaient les objets de mon savoir, ils seraient eux-mêmes des illusions, des phénomènes purement humains, des produits de ma manière de voir et de concevoir. Je ne saurai donc rien d'eux, et, sur ce qui les regarde, j'aurai raison de fuir la science. Mais si, par toute autre voie, je me trouve forcé à les reconnaître, j'appellerai dès lors ma conviction croyance et non savoir. C'est ainsi que je crois à ma propre existence, qui ne peut être prouvée par aucun argument. Bien loin d'ajouter à cette croyance, une démonstration ne ferait que l'affaiblir, m'étonner, me rendre incertain. » Parfois il semble que le sentiment critique, le seul auquel il devait s'en rapporter un jour, soit sur le point de percer; le germe est là, manifestement, qui éclatera dès qu'il y aura laissé porter la chaleur et la lumière. Il reproche à l'abbé Bautain ses emportements de mauvaise humeur contre la science. « S'il est vrai qu'on n'arrive à connaître Dieu que par la foi, ne peut-on pas, sans la foi, se faire de Dieu une idée juste et élevée? » Mais ce n'est qu'un mot qui lui échappe, et il le regrette : l'observation est à demi effacée par un trait de crayon. Il entend ne point se laisser entamer. Il se tient sur la défensive. Il ne s'arrête qu'à ce qu'il cherche. Dans l'*Histoire universelle* de Bossuet, après la simplicité du plan qui met en lumière l'action de la Providence, ce qui le frappe, « c'est la beauté sans égale du chapitre de la deuxième partie intitulé : Jésus-Christ et sa doctrine ». De Bonstetten, il retient cette maxime : « Les principes moraux paraissent si rarement évidents lorsqu'ils ont le cœur à combattre que, si l'on n'a pas l'habitude de les suivre sans discussion, on est perdu. » Il résume la *Palingénésie* de Ballanche en cette phrase : « Le point de départ de la perfectibilité humaine, c'est le dogme de la déchéance et de la réhabilitation. » Après avoir lu les sermons du Rév. Robert Lowett, un ami du Rév. Loader, il se répand en une sorte de prière : « Oui, la justification par la foi est la voie du salut ; c'est le moyen dont Dieu s'est servi pour faire arriver l'homme à la sanctification qui est sa fin. »

L'idée chrétienne et tout ce qui s'y rapporte est son bien ; il ne permet pas qu'on en abaisse le caractère. La poésie des *Martyrs* l'a charmé, et il trouve que la critique d'Hoffmann est bien sévère; mais il ne pardonne pas à Chateaubriand ses abus d'imagination. « Que la vie chrétienne des premiers siècles, si belle dans l'histoire, est ici dénaturée, grimaçante, théâtrale! Celui qui a appris à goûter la réalité de la religion ne peut éprouver qu'un sentiment de dégoût, à la voir fardée et revêtue de ces oripeaux. » La vigueur et l'onction des *Paroles d'un Croyant* lui arrachent des cris d'enthousiasme. « Quoi de plus sauvage et de plus beau que ce livre? Il me semble qu'on l'a calomnié, et que l'égalité que Lamennais veut établir est fondée sur l'union politique et la charité fraternelle, sans appel aucun aux passions mauvaises. » « Mais ce qui est intolérable, ajoute-t-il, c'est de voir le Christianisme travesti et le nom de Dieu pris en vain à chaque page. » Il supporte plus malaisément encore le christianisme de convention et de mode, ce qu'il appelle, après Wilberforce, le christianisme des gens du monde. Dans un article envoyé au *Semeur*, le premier qu'il ait publié (4 septembre 1833), il cherche à définir sa doctrine religieuse à l'encontre de ces prétentions mondaines, et il n'y arrive que lourdement.

Quelque temps après, ayant rencontré dans une étude de Saint-Marc Girardin l'expression vive et nette de la même pensée, il s'en empare. « Il y a aujourd'hui une religion dans le monde..., disait Saint-Marc Girardin; car, dans le monde, il n'est plus de bon ton d'être irréligieux et incrédule ...; mais ne demandez à cette religion ni préceptes, ni règles, ni pratiques ; c'est quelque chose de vague et d'ondoyant qui se prête à tous les caprices de l'esprit; c'est un gaz qui pétille et s'échappe...; et c'est avec ces vapeurs de religion que s'échauffent les cerveaux de quelques bons jeunes gens qui s'applaudissent d'avoir rappelé la foi dans leur cœur. Grand bien leur fasse! Mais qu'ils se gardent de sonder ce cœur, qu'ils se gardent de le toucher d'un doigt trop curieux. Le tonneau est sonore peut-être, hélas! parce qu'il est vide. » Ces réflexions, écrit Scherer en se les appropriant avec une naïveté juvénile, nous les avons souvent faites. Ce qui lui permettait d'en revendiquer le profit, c'est qu'en effet, dans la mesure que comportait sa jeunesse, tout son effort tendait à donner au sentiment religieux une base ferme et une direction pratique. Dès ce moment, il étudiait les textes sacrés, en rapprochait les versions pour s'attacher à la plus plausible, en approfondissait le sens pour les faire servir à la conduite de la vie. Son gros cahier contient des notes d'exégèse et de dogmatique. Et tandis qu'il s'assure dans les règles qu'il s'est données à lui-même, on voit qu'il est dévoré de l'ardeur de les faire accepter aux autres. Ce zèle d'apostolat est la marque de ses petits articles de début. L'écrivain n'apparaît pas encore, mais déjà le pasteur se révèle.

## II

Une telle vocation ne pouvait manquer de triompher de toutes les résistances. En 1836, Scherer obtenait d'aller suivre, à Strasbourg, les cours de théologie. L'Ecole de Strasbourg commençait à être en renom. Entre autres professeurs elle comptait Bruch et Jung, dont les œuvres ont marqué dans la critique religieuse, et, au-dessus de tous, Edouard Reuss, « un savant qui ne le cédait à aucun savant étranger pour la conscience des recherches, l'étendue de l'érudition, la hardiesse, la pénétration, la sagacité, qui se distinguait en même temps par l'impartialité de l'esprit et par la clarté de l'exposition ». C'est sous ces traits que Scherer s'honorait de fixer la physionomie de son premier maître à plus de trente ans d'intervalle, et M. Reuss, qui devait survivre à son disciple, n'avait pas conservé de lui un moins vivant souvenir.

« Scherer m'avait été amené par feu le pasteur Härter, écrivait-il le 8 avril 1889, en apprenant sa mort. Il entra aussitôt dans le cercle choisi de ma société théologique, où il fut l'un des meilleurs *debaters*. Je m'aperçus bientôt qu'il était d'une orthodoxie rigide qui ne se ressentait pas précisément du piétisme un peu doucereux de son patron. Cependant comme il rachetait ce qu'il y avait en lui de raideur calviniste par un savoir solide et une ardeur infatigable aux études théologiques alliés à une lucidité d'esprit et de diction qu'on trouve rarement ensemble, surtout chez un jeune étudiant, je le pris en affection et j'augurai qu'il serait appelé un jour à vivifier en France, à la tête du parti franchement conservateur, la science protestante alors si profondément engourdie. J'avais alors l'habitude de fonder tous les ans un prix pour un concours entre les membres de la Société et je me rappelle notamment deux excellents mémoires pour lesquels lui et M. Buob se partagèrent le prix que j'avais doublé à cet effet. Scherer passa trois ans dans cette Société, et quoique nos opinions, malgré les nombreuses discussions engagées sous ma présidence, ne nous aient pas rapprochés sur le terrain de la théorie confessionnelle, l'intérêt que je prenais à un élève si évidemment hors ligne me faisait sentir de plus en plus qu'il y avait quelque chose qui, au fond, m'unissait à lui. »

Scherer ne se faisait pas faute de déclarer lui-même ce qu'il devait à l'enseignement de Strasbourg. Le séjour à Monmouth avait commencé à discipliner son esprit. C'est à l'école de Strasbourg qu'il se forma. Il n'en sortit pas seulement en pleine possession de la langue allemande, de même qu'il avait quitté l'Angleterre parlant et écrivant la langue anglaise comme sa langue maternelle; il y refit ou plutôt il y fit ses études classiques. Les leçons du collège Bourbon ne lui avaient laissé qu'un mauvais souvenir. Il s'en accusait d'abord lui-même avec loyauté; il en accusait aussi le système. Il pensait que les humanités grecques et latines ne sont faites que pour une élite, un autre enseignement secondaire devant être approprié aux besoins du plus grand nombre; que, même pour l'élite, elles absorbent trop d'années et qu'on pouvait diminuer la durée de cette éducation, sans en amoindrir la portée; que ce qui surtout y faisait défaut, c'était l'esprit d'exactitude et de rigueur, l'esprit scientifique, en un mot, que l'école protestante de Strasbourg avait emprunté aux écoles d'outre-Rhin. Il semble qu'il raconte sa propre histoire dans le passage où il peint la surprise éprouvée par Jean-Jacques Ampère, lorsque, « appelé à poursuivre ses études en Alsace, le jeune savant se trouva sous le charme de cette liberté de recherche qui est l'honneur de l'Allemagne et qui fait l'effet d'une révélation à celui qui les rencontre au sortir de notre plat enseignement universitaire. » — « Nous avons l'air de ne pas nous douter de l'existence même des questions, ajoutait-il. Nos lycées nous y laissent étrangers, nos Facultés les ignorent. Nous n'y voyons que du feu ! Il y a des moments, en vérité, dira-t-il plus sévèrement encore un jour, reprenant le mot de Doudan — où j'aime autant un grand gâchis qu'une précision étroite; j'aime autant des grands marais troubles par place que ces deux verres d'eau claire que le génie français lance en l'air avec une certaine force, se flattant de s'élever aussi haut que la nature des choses.... Allez en Allemagne: l'Allemagne seule vous creusera. » L'expérience devait le rendre plus juste pour la simplicité substantielle du génie français et l'éclairer sur les progrès accomplis dans nos méthodes d'enseignement. Il devait reconnaître aussi les abus et les dangers de la critique allemande, ce qu'elle risque trop souvent d'engendrer de subtilité et de sécheresse, ce qui lui manque dans les idées générales d'aisance et d'ampleur.

Il n'en vit alors et n'en pratiqua, à son grand profit, que les procédés féconds et sûrs. Dans ses cahiers, que nous avons sous les yeux, nous trouvons, entre autres travaux, une traduction complète du *septième livre* de Thucydide, de l'*Agamemnon* et des *Choéphores*, des *Euménides*, d'*Œdipe roi*, d'*Électre*. L'interprétation est serrée de près. A ces versions sont joints des appendices sur des points d'érudition, de philologie ou de critique. L'intérêt que Scherer apportait à ces travaux dépasse de beaucoup la mesure des besoins d'un simple étudiant. Même application à la littérature latine, avec ce caractère de plus que, pour se préparer à ses grades, il s'exerçait à écrire et à parler en latin. Malheureusement il lisait à la fois Cicéron et Bèze : ce qui le troublait un peu dans ses élégances. De mal parler la langue ne pouvait guère lui servir non plus à la bien écrire. Cependant, s'il ne rencontre pas toujours l'expression pure ni le tour régulier, le style de ses dissertations ne manque ni d'abondance ni de force. Telle était sa persévérance dans une idée une fois adoptée que, durant toute une année, il se mit à adresser des lettres en latin à ses amis, à ses parents, à son frère, ingénieur des ponts et chaussées, à Paris, *curatori viarum*, à son beau-frère, officier de l'armée anglaise, *centurioni*. Sauf son frère qui lui répondait aisément dans le même idiome, les correspondants s'étaient montrés d'abord un peu surpris; Scherer s'excusait en expliquant que c'était pour se faire la main, et il continuait. Il en usait de même avec ses professeurs. Est-ce lui qui les avait provoqués à ce commerce épistolaire? En lisant certaines lettres de M. Édouard Reuss écrites dans une langue si ferme et qui respirent comme un parfum d'antiquité, on se croirait revenu, en pleine Renaissance, au temps d'Érasme.

Ce qui rend plus piquant l'intérêt de cette correspondance, c'est qu'elle est une source, la source presque unique, des renseignements que nous possédons sur la direction de l'esprit de Scherer pendant cette période. Durant les trois années qu'il avait passées au séminaire, il ne suivait pas moins de cinq cours de théologie par jour. Chaque soir il reprenait ses notes, les mettait en ordre, en rédigeait les parties essentielles, s'en pénétrait, parfois avec une telle âpreté d'attention que les idées qui l'avaient frappé le poursuivaient jusque dans son sommeil : il se réveillait, l'oreille tendue. « Je souffre, disait-il, d'une préoccupation étrange : celle de la rapidité et du prix du temps. Cela vient sans doute de ce qu'après avoir perdu plusieurs années, j'ai voulu les rattraper, comme on dit, mais on ne rattrape pas le temps : le but que je me fixe disparaît à mesure que je m'en approche ; c'est un horizon auquel je m'imagine pouvoir arriver, et qui s'agrandit et recule à chaque pas. Je me suis proposé de refaire certaines études, d'acquérir certaines connaissances; mais il en est comme d'un autre voyage : on ne pense guère au terrain parcouru; c'est à l'espace qui reste encore à franchir que s'attache le regard. On n'est jamais content de ce qu'on a, mais toujours triste de ce qu'on n'a pas. Cela est vrai surtout de la science, où les lacunes semblent se multiplier à mesure qu'on les comble. *Ars longa, vita brevis.* La vie n'est plus pour moi qu'un nombre d'heures dont chacune de celles qui ne sont pas employées d'une certaine manière me paraît perdue. Et de quel son ce mot résonne à mon esprit! Perdue! c'est-à-dire qu'en définitive il restera toujours dans mes acquisitions scientifiques un vide exactement représenté par ce qui peut s'apprendre et me servir! De cette manière j'entends toujours derrière moi la voix qui dit: « Marche, marche! »

La seule diversion qu'il semblait heureux de se permettre, c'était une participation active aux discussions instituées par M. Reuss dans sa société théologique. Encore s'y préparait-il laborieusement par des dissertations nourries. Il nous en reste deux spécimens: un tableau de l'état des sectes dissidentes en Angleterre et un examen des preuves de l'existence de Dieu. C'étaient le cadre et les matériaux d'un exposé plutôt que des morceaux achevés. Scherer excellait surtout dans la critique. Il était d'usage que les mémoires présentés tour à tour par un des membres de la société fussent renvoyés à l'examen d'un autre et que l'argumentation s'engageât. C'est là que son talent de *debater* se déployait.

Reçu bachelier en théologie (1839), il dut attendre l'intervalle réglementaire pour soutenir ses licences. Il s'était marié, et la vie publique aurait pu commencer pour lui. On lui avait proposé de l'associer au service pastoral d'une église. Il refusa. Il ne se plaisait que dans sa petite bibliothèque, au milieu de ses notes, auprès de la compagne instruite et distinguée qu'il s'était donnée. Il laisse discrètement entrevoir le tableau de cette vie intérieure dans une de ces lettres latines dont l'expression, grammaticalement imparfaite, n'en est pas moins d'un sentiment toujours juste et parfois touchant. Ailleurs il fait la description d'une maison de campagne qu'il avait louée pour un été, à Wangen, dans les Vosges, humble et rustique enclos, avec un jardin sec, sans ombre, tout occupé par un plant de vigne, mais où se trouvait, dans un coin, un réduit couvert, une ancienne serre, propre au travail solitaire et à la méditation. Il frayait peu avec ses camarades et avec ses maîtres. Les relations de la vie universitaire n'existaient pas pour lui. Il ne voyait guère dans une certaine intimité qu'un professeur de la Faculté des lettres, M. Cuvier, savant sans profondeur, professeur sans éclat, mais piétiste convaincu, théosophe débonnaire, tout entier à la direction de la petite église qui se réunissait autour de lui. Scherer ne se déplaisait pas dans cette société qui entretenait ses sentiments mystiques; mais là pas plus qu'ailleurs il ne se livrait. Les vrais événements de sa vie sont les lettres qu'il recevait de sa famille, la visite d'un vieil ami du dehors, l'envoi d'un livre. C'est une fête d'avoir pu entretenir pendant quelques heures, à son passage, M. Lutteroth, le directeur du *Semeur*. M. Lutteroth devait venir à Wangen. Pour jouir plus longtemps de sa présence, Scherer a été, avec sa femme, trouver le voyageur à Strasbourg, et M. Lutteroth lui a laissé, en souvenir de son passage, les *Récits mérovingiens* d'Augustin Thierry, à la condition qu'il y consacrerait un article dans le *Semeur*. L'article est fait en latin, comme exercice, puis en français; mais le livre, lu tout haut à tour de rôle, a d'abord occupé et charmé deux soirées du jeune ménage.

Quelques amis reprochaient à Scherer cette vie de retraite. Ils s'inquiétaient des secrètes ardeurs que recouvrait ce calme studieux. La prédication évangélique n'en demandait pas tant. Ne suffisait-il pas d'avoir l'âme remplie de la pensée de Dieu pour en répandre l'amour ? N'était-il pas à craindre que cette passion immodérée de la science finît par porter atteinte à la foi? Scherer protestait contre ces appréhensions. Les effusions du cœur ne pouvaient pas toujours soutenir à elles seules la parole évangélique. Il y avait place aussi dans le prêche pour l'explication des textes sacrés; et qui pouvait être sûr de les bien interpréter pour les autres, s'il ne les avait d'abord approfondis pour lui-même? Avec combien plus de respect d'ailleurs ne devait-on pas aborder la chaire, alors que la possession de la vérité était le fruit de la réflexion? Le sentiment de la part à faire à la science théologique dans le devoir pastoral était chez Scherer d'autant plus vif qu'il n'y voyait aucun danger d'ébranlement pour les croyances. A la fin de sa dissertation sur les sectes qui divisaient l'Angleterre, il le déclarait nettement et non sans élévation: « Il ne faut point s'abandonner au rêve d'une évangélisation uniforme. Point d'exclusion pour aucune conscience chrétienne. Le véritable schismatique n'est pas celui qui élève une chapelle à côté d'un temple, c'est celui qui refuse le nom de frère à l'homme qui n'entend point comme lui tel ou tel rite. Vérité avec charité, douceur et souplesse, voilà la règle. » Mais cette règle libérale, Scherer n'en admettait l'application qu'à des points de forme ou de détail. Sur le fond de la doctrine calviniste il était intransigeant. « Nous ne suivons pas la même voie », lui disait M. Reuss dans un de ces billets auxquels nous faisions allusion tout à l'heure. La voie de Scherer était la voie étroite. Tous les efforts de sa logique et de sa science l'y engageaient avec autant de force qu'ils devaient en avoir plus tard pour l'en arracher. Au cours d'une excursion en Suisse, il avait recherché le patronage du professeur Gaussen, dont la doctrine absolue sur l'inspiration plénière des Écritures fut le point de départ et la cause principale de son schisme et de son excommunication. Parmi les vingt propositions comprises dans la thèse française qu'il préparait à ce moment pour sa licence, sept portaient sur des interprétations de textes; les treize autres avaient pour objet l'éclaircissement, la confirmation ou la défense d'un article d'orthodoxie.

C'est le souffle de cette foi profonde qui anime son discours de consécration. La veille de la solennité (11 avril 1840), à la suite d'une méditation prolongée, il y avait mis la dernière main. Il décrivait les troubles dont sa jeunesse avait été assaillie, les croyances au sein desquelles il avait trouvé le repos, l'impérieux besoin qu'il éprouvait de se vouer au service de Dieu, l'esprit qu'il porterait dans son ministère. Cet Évangile dont il voulait devenir l'organe, il ne l'avait pas toujours aimé; cette foi qu'il voulait travailler à répandre, il l'avait rejetée jadis et presque persécutée; ce saint nom de Dieu qu'il invoquait avec ferveur, ses lèvres souillées l'avaient maudit et profané. Mais si courte que fût encore pour lui l'expérience de la vie, elle était décisive. Ce n'était point une ambition vaine qui l'avait touché. Aucun motif humain ne le déterminait. Il avait senti ce qu'il y a d'isolement, de rongement, d'amertume, de tristesse insondable dans le cœur de celui qui n'a point demandé à la Bible d'où il vient et où il va. Et la Bible lui avait ouvert ses trésors et le Seigneur l'avait exaucé. Aujourd'hui il tient ses ancres de salut : la croyance à la corruption désespérée de l'homme, la croyance à la justification par la foi. « Arrière donc les imaginations de la sagesse humaine, arrière ces théories mortes et menteuses qui rêvent une vertu sans rapports avec Dieu et une religion sans croyance au crucifié ! Loin de moi toute science, toute poésie, toute spéculation qui s'éloigne de la parole divine ! Je veux être petit enfant; je veux amener toutes mes pensées captives sous l'autorité de la Bible et de la. croix; je veux être de ceux dont il est dit : Bienheureux ceux qui n'ont pas vu et qui ont cru! Je veux être, s'il le faut, en folie et en scandale aux sages de la terre; je ne veux connaître que Christ et Christ crucifié. » Que si le découragement le tente, il sait où il trouvera un surcroît de force. « Ce que je n'ai pas, je puis le demander. Tout le reste peut me manquer; mais la prière ne saurait jamais me manquer. Par elle, je puis tout; avec elle je possède tout; en elle je trouve tout, car je trouve Christ lui-même.... C'est dans ce sentiment, ô mon Dieu! que je viens me consacrer au service de ton Église, résolu à te crier sans cesse : Aie pitié de moi! Aie pitié de moi! »

Ainsi se terminait cet hosannah de foi, où pas un mot ne trahit un doute, une hésitation, une angoisse, où tout porte la marque d'un propos mûrement médité et délibérément accompli. « Féli, écrivait le frère de l'abbé de Lamennais, Féli a été fait diacre à Saint-Brieuc dans la première semaine de carême, puis prêtre à Vannes le dimanche suivant. Il lui en a singulièrement coûté pour prendre sa dernière résolution.

M. Carron d'un côté, moi de l'autre, nous l'avons entraîné; mais sa pauvre âme est encore ébranlée de ce coup. » Si ébranlée que, quelques jours après, sa volonté se réveillant et se révoltant, Féli répondra à son frère : « Quoique M. Carron m'ait plusieurs fois recommandé de me taire sur mes sentiments, je crois pouvoir et devoir m'expliquer avec toi une fois pour toutes : je ne suis et ne puis qu'être désormais extraordinairement malheureux. Tout ce qui me reste à faire est de m'arranger de mon mieux, et, s'il se peut, de m'endormir au pied du poteau où l'on a rivé ma chaîne. » A peine s'était-il donné qu'il eût voulu se reprendre. C'est le front rayonnant et le ciel dans le cœur que Scherer marche à sa vie nouvelle. Jamais, aux beaux jours du christianisme naissant, jamais néophyte ne s'approcha des ondes saintes du baptême avec plus de ravissement intérieur. « Je suis à toi » s'écrie-t-il dans des stances qui figurent encore au nombre des cantiques à l'usage des églises réformées,

> Je suis à toi : gloire à ton nom suprême!
> O mon Sauveur, je fléchis sous ta loi.
> Je suis à toi; je t'adore, je t'aime
> Je suis à toi, je suis à toi.

J'errais, perdu dans les sentiers du doute,
Le vide au cœur et la mort devant moi,
Lorsque tu vins resplendir sur ma route :
Je suis à toi, je suis à toi.

Jadis j'étais sous l'empire du monde;
Mais aujourd'hui, Jésus-Christ est mon roi;
Ton joug est doux et ta paix est profonde :
Je suis à toi, je suis à toi.

. . . . . . . . . . . . . . . .
. . . . . . . . . . . . . . . .

Nul ne saurait m'effacer de ton livre,
Nul ne saurait me soustraire à ta loi,
C'est ton regard qui fait mourir et vivre :
Je suis à toi, je suis à toi.

Sur cette terre où tu veux que j'habite,
O mon Sauveur, mon Dieu, je suis à toi;
Et dans le Ciel où ta grâce m'invite,
Encore à toi, toujours à toi.

## III

A quoi s'appliquerait cette ferveur de sentiment? A la prédication? A l'enseignement? Au cours de ses études, Scherer s'était plus d'une fois posé la question, satisfait de se répondre : Dieu en décidera. Reçu à ses licences peu de temps après sa consécration (16 mars et 1er décembre 1841), puis au doctorat (10 août 1843). il n'avait pas encore pris un parti. Le *Journal d'un Egotiste*, qui date de cette époque, nous le montre se laissant porter par le courant de la vie. Il y a là quelques heures de rêverie prolongée, de volontaire insouciance, d'émotions douces, d'amour de la nature, de pur soleil, qu'il faut saisir au passage et fixer.

Il semble qu'il hésite à se frayer une voie, dans la crainte de se fermer du même coup toutes les autres. « Ah ! la jeunesse, ce qui en fait le charme, ce n'est pas la force, l'activité, l'abondance du sang qui court dans les veines, ce ne sont pas les vœux secrets, les aspirations confuses, les projets qui fermentent, les rêves d'action et de gloire, le rôle que je jouerai, les livres que j'écrirai ; ce n'est pas le cœur qui répondra à mon cœur ; c'est l'horizon indéfini, le lointain illimité, cette atmosphère de l'incertain qui entoure tout. A mesure qu'on avance, hélas ! l'horizon se rétrécit. Des mille sentiers il a fallu en choisir un ; vous y êtes entré, vous avez fait quelques pas, et maintenant les autres vous sont interdits. Le magique avenir, en se rapprochant, a pris la forme anguleuse de la réalité : et qu'est-ce que la réalité la plus brillante en comparaison de ces champs du possible qui s'ouvraient jadis dans tous les sens à votre imagination ? »

En attendant que cette réalité vînt le saisir, il en reculait tant qu'il pouvait les approches. Il s'abandonnait avec ivresse au plaisir de voir, de sentir, de respirer. « Le délicieux renouveau, écrit-il (17 avril 1844) ! Je ne sais s'il est un oiseau sur la branche, un cœur d'homme sous le ciel qui en jouisse autant que moi. C'est pour moi une intensité de sensation, de bonheur, que de voir le firmament bien bleu au-dessus de ma tête. J'en jouis, comme on jouit de toute passion, avec jalousie. Non seulement la pensée des jours de pluie et de froidure qui peuvent revenir, qui doivent revenir, qui reviendront assurément, m'afflige sérieusement, mais je me reproche de ne pas jouir plus pleinement de ce qui m'est accordé... J'hésite entre la course dans la montagne ou la méditation dans la forêt. Je prends un livre, puis je le pose, parce qu'il me distrait de ma jouissance. Enfin je crois avoir trouvé le bon moyen. Je m'étends sur le gazon, les yeux vers le ciel, le bourdonnement de l'abeille autour de moi, les mille bruits de la création dans le lointain, et par tous les pores j'aspire la vie incommunicable, ineffable. » Son imagination l'emporte en Italie, en Orient. N'est-ce pas là surtout qu'il ferait bon vivre ? Un fond de brume avec quelques intermittences de sérénité, et jusque dans les plus riantes saisons l'incertitude, la préoccupation du baromètre qui baisse, de la girouette qui tourne, c'est le lot qui lui est échu et qu'il ne peut changer. Pourrait-il le faire, il n'est pas sûr qu'il le ferait. La nature, qui l'environne, lui plaît sous ses voiles ; il ne demande qu'à en retrouver tous les jours la bienfaisante image. « Pour la plupart des hommes, l'uniformité engendre l'ennui, c'est-à-dire le plus grand des malheurs. Pour l'homme heureux, l'uniformité n'est autre chose que la durée du même bonheur. »

Chaque matin il faisait régulièrement sa promenade dans un village de la banlieue de Strasbourg. Dès son arrivée, il avait découvert l'endroit favori, combiné le chemin pour s'y rendre, et en dépit des railleries, il y était resté aussi fidèle qu'un nouvelliste d'autrefois à la grande allée du Luxembourg. En quelques pas il était à la porte de la ville. Puis venaient les allées droites et les feuillages épais du Mail. Au delà, la grande route. Après l'avoir suivie quelque temps, il entrait dans un sentier qui n'aboutissait à aucun rendez-vous de promeneur. D'un côté, un ruisselet bordé de broussailles ; de l'autre, la haie vive d'une propriété voisine ; audessus de la haie, de grands platanes. Une fois là, il ralentissait le pas : il était chez lui. Bientôt il arrivait à un pont rustique jeté sur un bras du ruisseau qui peu à peu s'était élargi comme un étang. La rive basse et verdoyante se confondait presque avec l'eau qui la reflétait. En face, un château moderne se mirant sur cette surface limpide. Aux alentours, quelques chaumières enfumées. A l'horizon, la grande chaîne de montagnes bleuâtre, vague, immense ; un trait de l'infini dans ce cadre borné. Sauf ce fond, rien de saillant, une manière de paysage hollandais. Point d'accidents de terrain, de profonds lointains, de mystères. Mais, quand le soleil brillait, il se faisait comme une ravissante harmonie du ciel, de l'eau et de la prairie. Et puis c'était la solitude, le silence ; tout au plus un batelier qui remplissait son esquif du gravier de la rivière, ou une paysanne qui retournait à son village, la tête chargée d'une pyramide de paniers. Il s'asseyait sur la rampe du pont, regardant si l'aspect de la montagne promettait un beau lendemain, et aussi ravi de sa petite scène champêtre qu'un touriste en face des sommets des Alpes les plus renommés.

Mai et les longs jours venus, il partait pour Truttenhausen, un château caché, au pied des Vosges, au milieu d'une forêt de hêtres et de châtaigniers, — ses délices. Tout lui en était familier. Chaque année il allait visiter ses coins de bois favoris, ses fondrières, l'église en ruines, la métairie, le vieux couvent de Sainte-Odile, la chapelle où il s'agenouillait.

Et toutes les fois qu'il les revoyait, ses yeux se remplissaient de larmes. « Oui, des larmes! Il m'arrive si souvent de sentir mon cœur se gonfler sans parvenir à me soulager! L'œil devient si misérablement sec dans notre vie affairée et égoïste! Bienheureux celui qui pleure encore! Cela prouve que l'épaisse couche d'humanité factice dont la société nous enduit ne l'a pas encore gagné et pétrifié : il y a un homme sous cet homme. »

Il y avait aussi et surtout un chrétien. Pendant plusieurs années, à Strasbourg, un ami l'accompagnait dans ses promenades, un ami d'une santé profondément atteinte, à qui il avait donné « les joies de la naissance au Christ ». On dirait les entretiens d'Alype et de saint Augustin. « A l'heure convenue, il arrivait chez moi. Je l'interrogeais avec anxiété sur son état; nous nous serrions la main; nous partions. Bien souvent il nous arrivait d'achever notre course sans avoir échangé un mot. Nous allions à grands pas mesurés; je pensais à lui, et lui au ciel. C'était naturellement une âme réservée. Ceux qui ne le connaissaient pas se plaignaient de sa froideur. Au fond quelle vie, quelle tendresse!... Un soir nous étions dans sa petite chambre, nous venions de prier ensemble. En se relevant, il se jeta à mon cou, s'écriant : O le bonheur d'aimer !... Quelques jours après et bien peu de temps avant sa mort, nous étions sortis la main dans la main, nous avions franchi le petit pont au bout de l'allée, et nous revenions par un détour. Le soleil se couchait dans sa gloire. Nous étions transportés. « Là, lui dis-je, un jour, là ensemble et à jamais. — Oui, là, ô mon ami, ô mon frère, murmura-t-il répondant à ma pensée plus encore qu'à mes paroles, c'est là que nous nous retrouverons. »

Parfois il emportait avec lui le souvenir d'une lecture, qu'il méditait. Ce mot de Pascal l'avait arrêté : « Quand il serait difficile de démontrer l'existence de Dieu par les lumières naturelles, le plus sûr est de le croire. » En rentrant, il écrivait : « Je ne puis me faire à ce raisonnement. *Le plus sûr* est naïf ! Comme si la foi pouvait reconnaître d'autre motif de croire que la vérité ! Il y a deux vices dans cet énoncé. D'abord on ne croit pas à Dieu par démonstration. Ensuite on n'y croit pas par prudence. On y croit par nécessité. » Il suivait les discussions que la publication du texte original des *Pensées* avait soulevées en France, et il ne lui semblait pas qu'on eût encore trouvé le vrai mot sur le prétendu scepticisme de Pascal. « M. Sainte-Beuve entrevoit, mais M. Cousin divague. Un chrétien n'a pas besoin de franchir son propre seuil pour avoir la solution du problème. Ce Pascal qui doute et qui croit n'est qu'un mémorable exemple du vieux dualisme entre la science et la foi, entre la philosophie et la religion. Les scolastiques et les mystiques représentent séparément ces deux tendances qui se trouvent réunies dans tout homme pieux dont l'intelligence éprouve le besoin de s'harmoniser avec ses croyances. C'est que croyance et raisonnement ont leur évidence particulière, et, en vertu de cette évidence, deviennent, à des titres différents, mais égaux, la possession spirituelle du penseur religieux. Pascal doute, mais il croit en doutant, mais sa foi confirme son doute, le domine, le repousse. En vain essayerait-on de s'expliquer le combat, en disant que Pascal veut croire plus qu'il ne croit, que la lutte est, à proprement parler, entre sa volonté et son intelligence. Qu'est-ce à dire? S'il veut, c'est apparemment qu'il a des motifs de vouloir; et ces motifs, quels peuvent-ils être, sinon une conviction qu'après tout le christianisme est le salut, la

vie, la paix, c'est-à-dire la vérité? Cette évidence est morale, non dialectique. Qu'importe? Elle ne s'en impose pas moins. Et telle est même sa vertu triomphante qu'aux prises avec d'autres évidences, qu'en opposition, apparente au moins, avec des faits d'expérience ou de raisonnement, elle l'emporte dans l'âme d'un Pascal. C'est que pour l'homme religieux — et il n'y a que l'homme religieux qui soit pleinement homme, — les vérités religieuses sont les seules certaines, les seules qui, dans les tempêtes dont sont quelquefois troublés les plus fermes esprits, tiennent debout et résistent. »

Encore un souvenir de ces pages intimes pris entre bien d'autres. Il semble qu'on ne saurait trop accumuler les témoignages de Scherer sur lui-même pendant cette première période de sa vie que la seconde a si profondément refoulée dans l'ombre, et sans laquelle cependant elle ne saurait à tant d'égards s'expliquer. Il vient de lire Obermann. Il y avait longtemps qu'aucune œuvre de ce genre ne lui était tombée sous la main. Il ne se rappelait pas « en avoir ouvert une seule depuis sa première adolescence blasée elle aussi, blasée même avant l'expérience des choses qui blasent, retrempée plus tard et rajeunie. » « Oh ! que ce livre est triste ! dit-il en le fermant, triste comme la mort ! Cet ennui sourd, constant, rongeur, cette atonie morale, cette existence sans désir et sans espoir, cet immense et opiniâtre découragement, ces reprises d'un moment suivies d'une rechute plus profonde, quelle inexprimable misère que celle-là et qu'on doit se réjouir d'en être sorti ! »

A travers ces courses en rase campagne ou dans les bois, ces lectures et ces méditations solitaires, l'été s'était écoulé et l'automne s'annonçait avec ses brumes, l'hiver avec ses froids. Mais quoi? ne lui promettaient-ils pas de nouvelles joies? Peu à peu « ses regrets du beau temps se transformaient en désirs de coin du feu». Et bien avant de redescendre à la ville, il avait déjà fait d'autres rêves : les longues soirées de décembre, la mystique clarté de la lampe, la porte fermée aux importuns, « les heures se déroulant comme un docile canevas pour toutes les broderies de la fantaisie, pour toutes les curiosités de la science, ses livres, ses chers livres, — critiques, historiens, théologiens, poètes — sollicitant à l'envi les prémices de son application restaurée. »

Toutefois, parmi ces réflexions sereines, l'inquiétude souvent le saisissait. « Heureux ceux dont la vie est une! se disait-il, la mienne ne l'est point. Elle a d'abord été livrée à la poésie, puis consacrée à la science. Aujourd'hui encore elle hésite entre les deux. Je me dis qu'au lieu de gaspiller mon temps entre tant d'efforts éphémères, je pourrais aussi peut-être élever un monument durable. Comme un navire qui jette du lest pour retrouver l'équilibre, je voudrais jeter par-dessus bord l'enchanteresse. » Aussi bien ne s'était-il pas engagé à le faire dans son discours de consécration? Mais il n'osait. Il se rendait compte que cette poésie était une partie de lui-même et la meilleure, qu'elle contribuait à l'assurer dans sa foi. « Dieu n'était-il pas plus près de sa conscience sur le sommet de la montagne que dans les dédales d'une science subtilisée et incertaine? O soleil, n'y a-t-il pas plus de lumière dans un seul de tes rayons que dans tout ce monde factice des livres, dans le fatras de la science humaine accumulée par les siècles? Jouissons de la vie, puisque tout nous y invite, la fleur qui s'épanouit, l'oiseau qui chante. Jouissons, car la jouissance n'est péché qu'en dehors de Dieu : en lui elle est bonne, elle est saine; c'est le sentiment de sa présence, c'est l'action de sa grâce. Jouissons, car cette jouissance est une communion. » Cependant cette communion, où l'on sent passer comme un souffle de saint François de Sales, ne calmait pas ses anxiétés. Il ressentait le besoin d'éprouver sa vocation auprès de ceux qui pouvaient l'éclairer. Tous les ans, il donnait quelques semaines à des voyages à Paris, à Versailles, en Allemagne, en Suisse, tantôt accompagné par quelqu'un des siens, le plus souvent seul, et il interrogeait, consultait, s'enquérait. On eût dit qu'il se cherchait encore.

C'est pour l'aider à trouver sa voie que ses maîtres travaillaient à l'attacher à la prédication. Ils lui représentaient qu'elle est l'objet propre de la vie pastorale, que seule elle ouvre l'accès des cœurs et fournit au ministre de l'Évangile les ressources en même temps que les occasions pour accomplir son œuvre de direction chrétienne. Selon Vinet, il manquait toujours quelque chose à l'éducation de celui qui n'avait point passé par les épreuves de la chaire. Utile à tous, ce complément d'éducation ne lui était-il pas plus qu'à qui que ce soit nécessaire pour l'amener à rompre dans une sage mesure avec l'étude où son penchant le portait à s'isoler, et pour le raffermir contre le mysticisme où il risquait de se perdre? Son âme, devenue trop maîtresse d'elle-même, ne pouvait que gagner à se détendre au foyer commun de la vie, dans le commerce des émotions — sympathies et souffrances — que la prédication rencontre sur son chemin. Rien ne lui manquait même des qualités extérieures qui devaient lui assurer le succès. M. Reuss disait que, fidèle à sa triple origine, il unissait l'élégance française à la solidité allemande et à la morgue britannique. Son front haut et bien encadré par une chevelure blonde, abondante et souple, son œil froid, mais dans lequel, au premier choc, s'allumait le feu de la passion, sa bouche mince et fine d'où le trait semblait toujours prêt à jaillir, sa taille svelte, donnaient dès l'abord l'impression d'une distinction grave. Il avait l'autorité et le charme : l'autorité surtout au début; le charme ne se trahissait qu'ensuite pour ceux que n'avait pas déconcertés le premier aspect. Dès que sa parole pénétrante et douce avait percé le nuage et rapproché les distances, sa réserve même devenait un élément de séduction.

Nous en avons recueilli un témoignage qui, en même temps qu'il contribue à le faire connaître, nous éclaire sur la société au sein de laquelle il était appelé à se développer. En 1842, il était annoncé pour Pâques dans une petite ville d'Allemagne où l'on avait conçu le dessein de fonder une société de fidèles. Ses amis se réjouissaient de sa venue. Ceux qui ne le connaissaient encore que de renom étaient en attente. Voici comment, dans une lettre de famille, une femme d'un grand cœur, cruellement éprouvée par la vie, rendait compte de sa visite. C'est à sa sœur qu'elle écrit :

« Chaque année, à cette époque, quelque grande joie vient me ranimer, quelque bénédiction m'est envoyée comme aliment et comme sauvegarde. Cette année, il m'a été accordé trois beaux jours consécutifs, desquels je sors comme d'une nuée lumineuse. Il me semble que de doux rayons couronnent ma tête et que mes pieds touchent à peine le sol.... Je me sens le cœur au large et je suis disposée à courir. Tu devines que Scherer est venu ici et que ce bien m'a été fait par son séjour au milieu de nous. Tu veux savoir comment ce Scherer que vous placez si haut et cette sœur en qui s'est creusé un si grand vide se sont convenus. Les premiers moments ont été rudes. Nous avions été à sa rencontre au bord du Rhin. Je vis s'avancer un jeune homme d'un

abord glacial. Sans répondre à mon accueil, il se plaça dans la voiture, et nous partîmes pour aller chez Mme R... où il devait loger, moi, je l'avoue, un peu décontenancée et sentant avec effroi que je me rentrais. Nous arrivons ainsi, sans mot dire.... Tout notre monde était réuni. Là ce fut un redoublement de réserve de sa part et de travail de la mienne. Vraiment j'ai fait preuve en ce moment de force de caractère. Nous étions tous dans une telle déroute que, si je n'eusse eu assez d'énergie pour prendre le commandement, je crois que chacun de nous aurait fini par s'en aller. Je regrette de n'avoir pas été avertie de l'effet pénible et angoissant que font sur cet aimable Scherer les nouvelles connaissances; je m'y serais préparée, au lieu que je m'attendais à un Verny ou à un Merle qui viennent les bras ouverts à votre rencontre. Du reste cette déception fut un bien pour moi; car, dans la joie de voir un ami, j'aurais laissé sur le second plan le but pour lequel il venait. Ce but reparut alors à ma pensée. Ma jouissance personnelle mise de côté, je fus plus à l'aise; et lorsqu'une demi-heure après je ressortis avec Scherer, j'éprouvai une très douce, intime et sainte satisfaction à parcourir la ville en lui donnant le bras. Je retournai plus tard chez Mme R... où la soirée se passa à s'accoutumer les uns aux autres et à chercher sur la côte des lieux favorables à l'abordage. » Suit un portrait de Scherer très heureusement esquissé. « Il est pénétré jusque dans les jointures et les moelles de l'œuvre qu'il vient commencer ici. Sa piété est profonde; aucun souffle pernicieux ne la ternit. Sa vie intérieure est d'une suavité, d'une délicatesse extrême ; ce qui le rend vraiment humble et tremblant dans les circonstances où il doit agir. C'est une âme épurée, raffinée, mais surtout vraie et solide, de sorte que sa finesse attire et édifie. »

Le lendemain a lieu la cérémonie. Dès le matin, la salle était pleine. Le texte choisi par Scherer pour l'instruction était cette question du Sauveur : Que veux-tu que je te fasse? « Il fut précis, simple, clair et touchant. Trente personnes environ prirent la Cène. Le soir, à deux heures, second service.... Il était plus ému encore. Cette jeune figure, douce et grave, ces grands yeux mouillés de larmes par moment, cette pâleur qui disparaissait par degrés, ce sentiment profond qu'il était là de la part de Dieu et pour sa gloire, sentiment qui se communiquait à l'auditoire, faisait un effet qu'on ne peut rendre. Ma mère y était. Elle était éblouie comme par une vision. Le charme extérieur est beaucoup pour elle. Le soir, Scherer vint me prendre pour faire sa visite à ses parents; puis il me conduisit chez les R.... Nous passâmes une soirée toute édifiante et paisible. La glace était rompue. J'en jouis extrêmement, j'en profitai réellement. » Et ce n'est pas là une impression de passage. Cinq jours après, la charmante femme y revient avec un redoublement d'émotion aimable et de religieuse tendresse. « Je ne t'ai rien dit de Scherer, il me semble; je ne t'ai envoyé qu'un récit sec. Tu auras pu croire que ma première impression avait été persistante, tandis que je me suis réellement sentie fondue, attendrie, remise en possession de mes privilèges de chrétienne dans la société si douce de notre jeune ami. Les provisions amassées pendant ces trois jours ne sont pas épuisées. Je les rumine sans cesse. J'en tire une force qui coule dans mes veines. Mon cœur, un peu trop fermé d'ordinaire, un peu raidi et contracté, s'est entr'ouvert et s'en trouve bien. » En même temps, elle rappelle tous les sujets de conversation qu'elle a touchés. « Je voulais encore te dire avec quelle joie j'ai parlé de vous, de nos amis, de la Suisse, du *Semeur*, etc., avec ce Scherer dans l'âme duquel se reflètent si fidèlement les objets. Nous nous sommes trouvés ensemble sur un terrain connu de tous deux séparément, mais si bien aimé par l'un et par l'autre, qu'avec le même ciel sur nos têtes et le même sol sous nos pieds, il nous semblait avoir parcouru la même route. » Et la lettre s'achève par une explosion de pieux enthousiasme : « O chère sœur, que de belles et nobles jouissances sont accordées à l'homme qui a un Dieu et une espérance dans le monde! »

De quelle façon la parole de Scherer exerçait-elle cette action si puissante? Il s'était fait de l'éloquence de la chaire une théorie qu'il enseignait plus tard, à Genève, à ses élèves de l'école de théologie. Elle se résumait en un mot: l'onction. Et c'est cette onction dont, on vient de le voir, il possédait le secret. Il ne semble pas cependant que la prédication l'ait intéressé ou retenu longtemps: il n'a consigné nulle part le souvenir de ses sermons, lui qui tenait si exactement le registre de toutes les occcupations de sa vie. Il n'est pas difficile d'en retrouver les raisons. En tout temps Scherer n'a parlé que lorsqu'il ne croyait pas pouvoir s'abstenir ou éviter de le faire.

A ce moment, il s'était donné pour précepte de conduite : point de parole inutile. Même chez ses amis et jusque dans l'intimité de la famille il se l'imposait comme une règle d'ascétisme et laissait les entretiens se prolonger sans y mêler un mot. D'autre part, le goût de l'extrême précision qu'il apportait dans les moindres choses lui a rendu toute sa vie l'improvisation difficile. Ajoutez que l'improvisation ne craint pas les sentiers battus; c'est son refuge; et il ne savait pas être banal. Sa parole, comme sa plume, répugnait au lieu commun. « Je ne puis dire tout ce qui s'amasse en moi de rancune contre le lieu commun, écrivait-il (19 mai 1844). Ce n'est pas que je ne reconnaisse ses mérites. Il exprime des idées utiles, bien plus il les fait circuler et les frappe de son empreinte, il en tire une sorte de monnaie courante. Mais ce caractère même de vérité vulgaire lui ôte la plus grande partie de sa force. Qui peut dire, par exemple, tout ce qu'il y a de mystère et d'émotion dans l'idée de la mort? Eh bien! l'habitude rend insensibles ceux que leur profession ramène surtout à ce spectacle; et pour ceux à qui ils en parlent il n'en est pas un auquel, à moins d'être relevée par quelque circonstance inusitée ou quelque phrase originale, cette idée laisse entrevoir seulement ses mélancoliques trésors. On néglige de l'interroger, et le terme qui implique en soi toutes les destinées de l'homme traverse notre esprit sans y faire impression, comme cette multitude qui nous coudoie dans la rue, sans obtenir seulement un regard. » Le sentiment de cette indifférence le froissait d'autant plus profondément qu'il en analysait plus finement les causes. Nous avons retrouvé parmi ses notes des développements oratoires raturés avec impatience. Dans les rares occasions où il décidait de prêcher, il faisait court : ses homélies étaient renommées pour leur brièveté. Il faut dire aussi que le nombre des sujets de prédication évangélique est nécessairement restreint, — à moins de raffiner, ce qui détruit l'impression pour le plus grand nombre; l'orateur est donc contraint de se répéter ; or Scherer n'avait rien tant à cœur que de se renouveler sans cesse. Il n'était pas loin de considérer le sermon comme un genre usé, même chez Bossuet. Enfin, quelque sincère que fût en lui le sentiment, la raison dès ce moment était la plus forte. Il aimait à éclaircir, à expliquer. « Je suis né professeur », disait-il. Au fond, sous les dehors d'une certaine inconsistance.

à travers les incertitudes qui, d'après son *Journal*, promenaient son esprit d'objet en objet comme de paysage en paysage, la science l'attirait ; et l'enseignement dont il embrassait l'idée visait beaucoup plus haut que les besoins de quelques âmes d'élite dans une petite paroisse.

Le sujet de sa thèse de doctorat était *la dogmatique de l'Église réformée*. C'est l'état de la science théologique en France qui lui en avait fait concevoir la pensée. A Strasbourg autour de lui, à Paris, grâce à la correspondance qu'il entretenait avec ses amis, il voyait la foi refleurir dans les âmes; mais cet effort pouvait rester sans résultat, si la science ne venait le soutenir. Un libéralisme superficiel croyait pouvoir se passer de l'étude pour affermir le sentiment. L'amour-propre national de Scherer ne souffrait pas moins de cette légèreté que ses croyances. Il fallait ramener l'esprit français à la pratique des sérieuses recherches, non point en le soumettant au régime de l'érudition germanique, qu'il était incapable de supporter, mais en tirant de cette érudition tout ce qui pouvait le développer dans sa direction naturelle et le compléter. S'il n'était permis à personne d'ignorer le grand travail de critique qui s'était accompli au XVIII^e^ et au XIX^e^ siècle dans les séminaires d'outre-Rhin et de renouer simplement le fil de la tradition là où il avait été brisé, — au savoir insuffisant des Bochart, des Blondel, des Daillé, — la première condition de régénération véritable pour la théologie française était de rester elle-même ; et c'est cette théologie simple, claire, solide, pénétrée de l'esprit de Calvin, que Scherer avait voulu remettre en honneur dans son mémoire sur *la Dogmatique*. L'année suivante, en 1844, dans une étude sur *l'État actuel de l'Église réformée en France*, il cherchait les moyens d'assurer à l'organisation de l'Église par l'indépendance la force qu'il avait entrepris de donner à son enseignement par la science. « L'Église réformée, disait-il, n'est pas plus que toute autre Église une association arbitraire ; il y a un esprit chrétien réformé en rapport étroit avec une doctrine propre et une forme ecclésiastique particulière. Cette doctrine est celle d'un christianisme strictement scripturaire et sévèrement pratique ; cette forme est la forme représentative ou presbytérienne. Or, si la Constitution de 1802 n'a pas touché à la doctrine de l'Église réformée, elle a ruiné son organisation. Nous n'avons plus d'institution ecclésiastique, plus d'unité, plus de gouvernement religieux; nous ne sommes plus un corps. De là l'indifférence, les hérésies, les schismes. A cette dissolution morale le remède est dans la rupture du lien avec l'État et le rétablissement de la constitution presbytérienne. Plus de salaire, et l'ordre se rétablira comme magiquement dans le chaos, et l'Église véritable renaîtra du sein de cette confusion où elle a perdu son caractère et son nom. » Enfin, moins d'une année après, sous le nom d'*Esquisse d'une théorie de l'Église chrétienne*, reprenant et rassemblant son double dessein, il en résumait les traits dans un exposé substantiel. Éclairer la théorie religieuse, et de la théorie faire sortir les éléments d'une vie nouvelle, puissante par la science et la liberté, telle était l'ambition qu'il nourrissait. Quand l'École néo-calviniste, qui s'était fondée à Genève sous le titre d'École libre de théologie, vint lui offrir une chaire où il pourrait travailler publiquement à la propagation de ces idées, il dut croire qu'il avait touché le but de sa vie.

## IV

Créée en 1831, pour répondre aux besoins suscités par le Réveil, l'École libre de théologie, ou, comme on l'appelait communément, l'Oratoire, n'avait guère d'une école que le nom. Les diplômes qu'elle délivrait n'ouvraient l'accès au ministère dans aucune des confessions reconnues et subventionnées. C'était un séminaire d'évangélistes destinés au service des églises dissidentes de la Suisse, de la France et de la Belgique. La Faculté nationale de Genève traitait volontiers l'orthodoxie calviniste de l'Oratoire et ses doctrines théopneustiques avec une sévérité mêlée de dédain. L'Oratoire, en retour, accusait la Faculté nationale de s'endormir dans les routines d'un enseignement infidèle à la tradition évangélique et par là même stérile. Pour lui, il s'honorait d'être surtout un foyer d'active piété. Des étudiants lui venaient de tous les pays où fleurissait le zèle apostolique. Il avait pour président le grand historien du protestantisme, justement renommé pour la générosité de ses sentiments, sinon pour la sûreté de sa critique, Merle d'Aubigné. Scherer, au surplus, en a fait connaître la vie dans le rapport annuel qu'il fut chargé de présenter en 1847 à l'assemblée des professeurs. Et ici il faut l'entendre lui-même pour entrer dans le travail de son esprit [1].

1. Ce rapport, outre les renseignements qu'il contient sur Scherer et sur l'Oratoire, a aujourd'hui cet intérêt qu'il nous offre dans ses traits essentiels le tableau des mœurs que depuis quelques années nous cherchons à introduire dans notre enseignement. En voici les détails les plus caractéristiques.

En 1847, l'Oratoire comptait soixante étudiants : vingt-neuf à l'école préparatoire, trente et un à l'école de théologie proprement dite. De ces soixante élèves, il n'y en avait eu en réalité que trente-cinq présents au cours de l'année, par suite de divers motifs, tous justifiés : faiblesse de santé, insuccès aux examens de passage, voyages dans les pays étrangers où l'établissement entretenait des bourses. Parmi eux, deux appartenaient au Canada, cinq à la Belgique, sept au Piémont, douze à la Suisse, huit à la France. On avait reconnu qu'il y avait lieu de se montrer plus exigeant à l'admission tant pour les aptitudes physiques que pour le développement intellectuel. Le fonds classique était insuffisant chez la plupart des étudiants. Quelques-uns n'étaient pas bacheliers; ils arrivaient directement de l'école primaire. On les dégrossissait

« Il y a sans doute aux études théologiques, disait-il, l'inconvénient, commun à tout travail rigoureux, d'empiéter sur les moments dus à la prière et à la méditation et d'y empiéter au nom du devoir même.... Il y a de plus la difficulté de maintenir l'équilibre entre les besoins de l'intelligence et ceux de l'âme, entre la théorie et la pratique au milieu d'occupations qui tendent inévitablement à donner la prédominance à la première... Ce n'est pas tout : ceux-là seuls qui en ont fait l'expérience peuvent savoir ce qu'il y a d'étrange, je dirai presque de redoutable,

rapidement dans la section préparatoire. Mais une sélection sérieuse était d'autant plus nécessaire que les ressources de l'établissement ne s'augmentaient point en raison des besoins. Le budget annuel s'élevait à 33 431 fr. 87. L'école ne pouvait guère compter pour vivre que sur elle-même. Dans les recettes on relevait un don de 200 francs fait à la bibliothèque et le versement d'une somme de 2 500 francs recueillie par une dame pendant un voyage en Angleterre et en Écosse.

Le programme comprenait toutes les matières de l'enseignement théologique. Aux cours étaient jointes des conférences. « Depuis plusieurs années, dit le rapporteur, deux des membres de la Société ont la bonté de recevoir les étudiants tous les quinze jours et de tenir avec eux une conversation familière ou une discussion amicale. Nous avons cherché cette année à tirer plus de parti encore de ces réunions, en invitant les professeurs à les présider à tour de rôle, en faisant déterminer à l'avance les sujets qui seraient traités, et en dirigeant l'entretien d'une manière plus régulière et plus suivie. »

dans les premières impressions du jeune théologien. Appelé à porter l'investigation sur cette multitude de faits et de doctrines qu'il a reçus implicitement jusque-là, il ne se peut guère qu'un doute momentané ou partiel ne s'élève dans son esprit.... Dernier danger et non le moins grave : tels sont aujourd'hui les rapports entre les nations, telle est la facilité avec laquelle les idées se propagent, qu'il n'est pas un problème social, moral ou religieux, qui ne tombe aussitôt dans le domaine universel. L'ordre spirituel n'admet pas les cordons sanitaires. De tout cela résulte pour l'étudiant en théologie un apprentissage difficile. L'incertitude jetée dans son âme sur tant de choses qui naguère lui paraissaient simples et certaines est une source d'agitation cruelle. Le regard troublé par ces premières lueurs, pour ne pas dire ces premières ténèbres, s'exagère tout. Le terrain semble parfois manquer sous les pieds. En un mot, c'est une situation d'où l'on ne sort vainqueur qu'avec prières et larmes.... » Ainsi Scherer ne dissimule aucun des risques de l'étude. S'il encourage néanmoins le culte de la science, c'est qu'il croit que « la saine théologie n'est pas inconciliable avec la saine piété.... La théologie a ceci de commun avec les autres sciences qu'elle cherche à comprendre, à pénétrer l'objet dont elle s'occupe. Elle en diffère en ce que l'Évangile ne peut être véritablement connu par l'homme naturel. Pour comprendre les choses religieuses, il faut les avoir expérimentées; pour les expérimenter, il faut les croire ; pour les croire, il faut les aimer. » Et c'est l'esprit que l'Oratoire travaillait à répandre. Son but était de former des ministres de l'Évangile capables de porter partout l'enseignement de leur exemple. Le bâton du pèlerin et le viatique de la foi, voilà ce qui les attendait. Leur demeure était moins le paisible presbytère du pasteur que la tente mobile du missionnaire. « Qu'ils fassent donc leur compte à l'entrée du chemin, et qu'ayant mis une fois la main à la charrue, ils ne regardent plus en arrière; qu'ils acceptent avec toutes ses conditions d'abnégation décidée l'œuvre à laquelle ils sont préparés. » — « Ces conditions, ajoutait Scherer en terminant par un appel à ses collègues, nous croyons devoir vous les redire à vous-mêmes, afin que, d'un commun accord, nous demandions sur nous tous ce baptême du sacrifice, sans lequel on n'entreprend rien de durable, on ne persévère dans rien d'excellent. »

Cette fermeté dans la doctrine était le caractère absolu de son propre enseignement. Il commençait d'ordinaire sa leçon par une courte invocation prononcée d'une voix lente: « O Dieu! tu es le Dieu de vérité. Nous cherchons la vérité. Il n'y a que toi qui puisses nous la faire connaître. Amen. » Puis il entrait immédiatement en matière, sans autre souci que celui d'établir et de prouver. Chargé d'abord d'un cours d'histoire, il prit ses sujets dans le plein courant de la grande tradition chrétienne: *État de l'Église de* 70 *à* 800; — *la morale du christianisme*; — *la philosophie de la religion*; — *le système du catholicisme*. Peu après il devint professeur d'exégèse biblique. C'était son terrain. Les programmes de ses leçons subsistent, programmes développés auxquels il ne manque que la dernière main pour les transformer en cours suivi. Ils sont très serrés et très nourris. En marge se lisent les sources scrupuleusement indiquées et les textes traduits avec précision. Certains passages sont soulignés; ce sont les points de lumière, les résumés, les conclusions. Ailleurs, par un signe spécial, le professeur semble s'avertir lui-même qu'ici il y aura lieu de développer l'explication ou d'élever le ton. Quelques fragments dont la préparation écrite avait été poussée plus loin ont été publiés. Ils donnent une idée de la trame de l'enseignement, de sa finesse et de sa force. Ce qui ne s'y trouve pas, c'est l'accent qui perçait sous la simplicité de cette parole volontairement nue, c'est le regard qui en faisait passer dans les esprits l'émotion froide, mais pénétrante. C'est aussi la vigueur et l'ampleur du sentiment qui parfois soulevait le professeur et l'emportait jusqu'à l'éloquence. Nous n'en citerons qu'un exemple. « Sans Christ, s'écriait-il un jour en terminant une série de leçons sur l'Apologétique qu'il avait laissé autographier par ses élèves et qui eut un grand retentissement dans toute la ville (1848), sans Christ, Dieu nous échappe, notre ciel se dépeuple, le monde semble flotter au hasard dans les espaces, l'histoire devient mécanique, la vie perd son sens, la conscience se ronge ou s'endurcit, le cœur reste vide et l'homme se voit condamné à considérer les aspirations de son être religieux comme une fantasmagorie psychologique, à les étouffer dans les soins de la vie matérielle ou à y prêter l'oreille, mais avec désespoir. »

Scherer ne se bornait pas à honorer l'École par

la rigueur de son enseignement particulier. Il défendait, la plume à la main, les doctrines communes. Il avait en partie fondé l'*Anti-Jésuite*. L'*Anti-Jésuite* avait été remplacé par la *Réformation au* XIX<sup>e</sup> *siècle*, dont Vinet, qui en était le chef le plus autorisé, lui laissait la direction. C'était son organe. Les discussions de principe soulevées ou ranimées en France et dans l'Europe entière par la révolution de 1848 avaient rendu leur intérêt aux questions religieuses. Scherer les abordait sans embarras. Aucune attaque, aucune riposte n'ébranlait son orthodoxie.

Comme autrefois à Strasbourg, sa vie s'écoulait pleine, tranquille et douce. Il habitait, dans un faubourg de Genève, aux Grottes, un frais cottage, entouré de ses enfants et des parents de sa femme, qui formaient avec eux une même famille. Quelques distractions réglées coupaient le travail de la semaine. « Nous avions l'habitude, racontait-il dans sa vieillesse, deux ou trois amis et moi, Charles Heim, Amiel, Lecoultre entre autres, de faire une course le jeudi, à Salève, le « Salève aux flancs azurés » de Lamartine : nous y dînions et ne revenions qu'à la nuit. L'hiver ne nous arrêtait pas, au contraire. C'étaient de belles journées, de celles qui, dans l'éloignement, apparaissent dorées de tous les rayons lumineux, santé, jeunesse, amitié, les plaisirs de la campagne joints à l'échange des idées, aux caprices de la fantaisie, aux saillies de la gaîté. » Dans la belle saison, le soir, il recevait ses élèves. On s'entretenait des questions d'art et de littérature, on poursuivait l'examen des sujets qui avaient fait l'objet des dernières leçons. Scherer aimait à retrouver dans ces libres causeries ceux que son talent rassemblait au pied de sa chaire, les étudiants français surtout, dont il stimulait les progrès « dans l'esprit de recherche et le sérieux ». Le caractère familial de ces réunions en augmentait le charme. Mme Scherer y apportait sa part de savoir discret, d'élévation morale, de grâce solide. Les bruits du monde expiraient au seuil de cette retraite aimable. Tout semblait y respirer la simplicité heureuse et la sérénité.

Cependant, au mois de juin 1849, une lettre circulait de main en main parmi les amis de Scherer, leur faisant connaître qu'il ne se sentait plus à l'aise dans sa chaire et que son enseignement lui pesait. Quel trouble avait assailli son esprit ? Il s'en expliquait nettement et marquait lui-même le point où l'avait conduit son examen de conscience avec une décision qui rendait vaine toute espérance de retour. Un des fondements de la doctrine de l'Oratoire était la croyance à l'inspiration plénière de la Bible : cette croyance il ne l'admettait plus.

« Le juste vivra de la foi », avait écrit Luther en plaçant sa réforme sous le patronage direct de saint Paul. « Crois au Seigneur Jésus, et tu seras sauvé », disait de son côté Calvin, empruntant une autre parole de l'apôtre. Il est vrai que Calvin ajoutait : « Si nous voulons échapper aux tentations, aux incertitudes, aux scrupules du doute, c'est au-dessus des raisonnements, des jugements, des hypothèses de la science humaine que nous devons chercher notre point d'appui : est-il une interprétation de la parole de Dieu qui puisse valoir la parole de Dieu lui-même ? » Mal entendue par des scholastiques de loisir et des théologiens de combat qui se demandaient si les mots et, dans les mots, les voyelles comme les consonnes, devaient être soustraits à la critique, cette théorie de la dictée divine des textes bibliques avait inspiré la déclaration de 1655. « Les livres hébreux du Vieux Testament que nous avons reçus de l'église judaïque à qui les oracles de Dieu furent autrefois confiés et que nous conservons encore aujourd'hui, lisait-on dans l'article 2 du *Formulaire de consentement des églises réformées de Suisse*, rédigé par un professeur de Zurich, sont authentiques tant par rapport à leurs voyelles que par rapport à leurs consonnes. Ils sont aussi divinement inspirés tant pour les expressions que pour les choses. » Aux termes de cette profession, la Bible n'était plus seulement la source de la foi, elle en devenait la règle ; elle ne contenait pas seulement l'esprit de la croyance chrétienne, elle en avait fixé, souverainement et indiscutablement fixé la lettre.

Au XVIIIe siècle, sous l'action de la philosophie, cette idée absolue de la théopneustie s'était affaiblie. Le principe était maintenu; mais on interprétait, en se tenant aussi près de la lettre que le permettaient l'intelligence des lois générales de la nature et les principes universels de la raison. Puis était venu le travail de libre examen inauguré dans les universités d'Allemagne : l'authenticité des livres, les variantes, le canon avaient été soumis à la discussion. Cependant la France, la Suisse, l'Angleterre, ne s'étaient pas associées à ce mouvement. A

Genève, un des fondateurs de l'Oratoire, L. Gaussen, homme d'une piété sincère et douce, avait été un des promoteurs les plus dévoués du retour à la foi littérale. Aucune des conséquences du système théopneustique ne troublait sa candeur universellement respectée. Qui empêchait que Josué eût arrêté le soleil dans sa course ou la terre dans son mouvement? Il avait des calculs pour justifier les deux hypothèses. Mais c'est du fond même de la croyance chrétienne qu'il tirait la force principale de son argumentation.

« La Bible, répondait-il à ceux qui voulaient mesurer l'inspiration de Dieu, la Bible a sa partie humaine, dites-vous. Mais cette partie, quelles en sont les limites? Qui les fixera pour moi? Personne. Il faudra donc que chacun les pose pour lui-même, au gré de son jugement; c'est-à-dire que cette portion faillible des Écritures sera pour nous d'autant plus grande que nous serons moins éclairés de la lumière de Dieu; c'est-à-dire encore qu'un homme se privera des paroles divines dans la mesure même du besoin qu'il en a, comme on voit les idolâtres se faire des divinités d'autant plus impures qu'ils sont eux-mêmes plus éloignés du Dieu vivant et saint. Et puis, dans ce que vous considérez comme émanant véritablement de Dieu, est-ce bien à Dieu que vous vous en remettez? Vous croyez à la divinité de tel ou tel passage? Mais ce n'est pas en Dieu que vous croyez, c'est en vous. On ne se soumet qu'à demi à l'autorité qu'on aurait pu décliner et qu'on a mise en doute. On n'adore qu'imparfaitement ce qu'on a commencé par dégrader. »

En citant ces passages de Gaussen dans l'article qu'il lui consacrait quatre ans avant d'entrer à l'École de Genève (23 janvier 1841), Scherer y donnait son entière adhésion. De la question de l'inspiration, écrivait-il à son tour, — j'analyse ici sa pensée, — dépend l'existence même du christianisme. En dehors du dogme théopneustique point d'autorité pour la religion, point d'appui pour l'homme. Le problème de la foi n'admet d'autre solution que ce dilemme: se soumettre sans réserve ou se laisser glisser dans l'abîme qui, de degré en degré, conduit au scepticisme d'un Hume ou au panthéisme d'un Strauss. La doctrine de l'inspiration plénière est la forteresse assurée du chrétien. « Celui-là qui a éprouvé les angoisses du doute sent que la certitude, condition première de toute révélation vraiment divine, est seule capable de subvenir à

6

notre mal. Sans cette condition, l'homme ne serait jamais qu'imparfaitement ramené à Dieu. Sa foi et sa vie continueraient de vaciller perpétuellement comme la flamme d'une bougie dans des courants d'air opposés. C'est pourquoi une révélation générale et indirecte n'eût pas suffi; Dieu voulut nous la donner dans le détail et comme écrite de sa main. »

Ces affirmations si arrêtées, Scherer n'en retrouvait plus en lui le support. Sa croyance à l'autorité scripturaire s'était effondrée. La ruine ne s'était pas faite en un jour et d'un seul coup. C'est peu à peu que le doute avait gagné, pénétré, envahi son esprit. Scherer n'a eu ni son chemin de Damas comme saint Paul, ni son retour de Rome comme Lamennais. En aucun temps il ne rompit violemment avec ses idées; il s'en détachait lentement, progressivement, froidement. Les crises étaient chez lui le fruit mûri du raisonnement, non l'explosion soudaine de la passion. L'enseignement de l'exégèse biblique avait mis aux prises sa science et sa foi. L'une n'était pas moins exigeante que l'autre ni moins jalouse d'une absolue sincérité. En 1844, en commençant le *Journal d'un Égotiste*, il disait : « Un journal est un retour sur soi-même, un entretien solennel du faux moi, du moi extérieur, dissipé, artificiel, avec le moi vrai et intérieur; c'est une exploration religieuse du grand et sombre sanctuaire de l'âme, je veux dire de la dernière âme. Car nous avons plusieurs âmes, comme il y a plusieurs cieux.... Ils sont en petit nombre ceux qui pénètrent dans le dernier cercle de la spirale, en petit nombre les moments où les âmes d'élite elles-mêmes parviennent jusqu'au fond, au fond du fond. Singulière chose: rien n'est moins conscient que la conscience! Chacun en a une, sans doute, mais à l'état de sommeil; elle est comme si elle n'était pas. C'est la Belle au bois dormant dans son château, et le château au milieu d'un bois, et le bois entouré d'un désert. On vit à la surface de la vie, on se craint, on s'évite; on joue à cache-cache avec soi; on a mille ruses pour éconduire le créancier importun, et l'habitude de ces ruses est si grande qu'on finit par exécuter des tours de maître en ce genre, presque sans s'en douter. » Scherer n'avait jamais rusé avec lui-même. Depuis vingt ans il tenait son âme en observation. L'étude n'avait fait qu'aiguiser ce besoin d'analyse. Le jour où l'examen approfondi des textes vint à heurter sa foi dans ce qu'elle avait eu jusque-là de volontairement inébranlable, le conflit se produisit. Il rencontrait dans les livres sacrés, interprétés au pied de la lettre, des assertions contestables, des erreurs manifestes, des taches. Pouvait-il, sans manquer à sa conscience scientifique, passer outre et mettre ces erreurs ou ces taches hors de discussion? Pouvait-il davantage, sans manquer à sa conscience religieuse, les attribuer à l'inspiration personnelle de Dieu? Dans sa détresse, c'est à Dieu lui-même qu'il s'état adressé, pour lui demander la lumière et l'apaisement.

Nous avons retrouvé, perdues dans ses papiers, des pages écrites pour lui, exclusivement pour lui, à quelques mois d'intervalle les unes des autres, un an avant la crise, et qu'il avait intitulées : *Les visites de Jésus-Christ*. Certes il avait subi d'autres attaques, il va le rappeler lui-même; mais jamais l'assaut n'a été plus renouvelé, ni plus redoutable. La première invocation (24 mai 1848) n'est qu'une prière confiante. S'inspirant d'un verset de l'Apocalypse de saint Jean (III, 20), il croit avoir entendu le Seigneur frapper à la porte et lui dire : « Si quelqu'un entend ma voix et ouvre la porte, j'entrerai et je dînerai avec lui et lui avec moi. » Et il répond : « Est-il vrai, ô mon Seigneur! tu étais à la porte et je ne le savais pas; tu frappais et je ne t'ai point ouvert. Peut-être quelque étude absorbait-elle ma pensée; peut-être était-ce le bruit de la rue qui m'empêchait de t'entendre. Entre, ô mon hôte! C'est pour demeurer que tu es venu, n'est-ce pas? Mets ta main sur mon front et me bénis. Dirige ma pensée de ton regard; tiens-toi là à ma droite, afin que je sois soutenu. Quelle joie! Déjà ta présence a illuminé toute ma cellule. Elle était si sombre! J'étais si seul! Désormais mes yeux ne pourront se lever de mon livre sans se poser sur toi. Alors même que je ne te verrai point, je sentirai que tu es près. Quand je serai fatigué, j'appuierai ma tête sur ton épaule. Quand mon cœur palpitera, inquiet ou éperdu, je me jetterai sur le tien. Quand j'aurai besoin de conseil, je m'assoirai à tes pieds. J'avais bien conscience qu'il me manquait quelque chose. J'aurais dû comprendre ce qu'il me fallait. Ne me l'avais-tu pas dit? N'avais-tu pas déjà demeuré une fois en moi? C'était il y a trois ans. Tu restas trois jours. Et ma vie fut transformée, mes doutes se dissipèrent, mes luttes furent oubliées, mes ténèbres devinrent lumière. L'amour débordait de mon cœur, la mort ne m'inspirait plus d'inquiétude, le martyre m'eût paru facile. Ma première pensée au réveil, ma dernière en me couchant était pour toi. Et point d'effort dans ces pensées, car tu étais là. Penser à toi, c'était te voir. Reviens à moi, ô mon Seigneur! » Cependant le trouble persiste et s'aggrave. A l'imploration mystique succède une supplication plus humaine et plus pressante (15 août) : « O mon Dieu ! donne-moi d'être vrai. » Et il analyse avec sévérité, avec inquiétude, tous les motifs qui empêchent la vérité de sortir de ses lèvres : amour-propre, esprit de parti, faiblesse d'un cœur partagé. « Je porte ton nom, ô mon Seigneur. Mes occupations se rapportent à toi. Je me range auprès de toi avec ceux qui t'aiment. C'est à toi que j'appartiens, à ton Église, à ton service. Et pourtant.... Ah ! mensonge, mensonge !... La vérité, c'est l'unité dans la vie et je ne suis rien moins qu'un. Sincérité, unité, harmonie, paix, autant de termes corrélatifs.... O mon Dieu ! Donne-moi d'être vrai, vrai surtout quant à toi, vrai dans ton service, car c'est là la vérité primordiale, celle dont toutes les autres découlent. » Le calme ne s'est pas fait encore. Il redouble ses instances (10 octobre), il les rassemble dans un dernier cri d'angoisse, préoccupé non plus seulement de lui-même, mais de ceux qui s'éclairent à sa parole : « Donne-moi la vérité, ô mon Dieu, afin que je sois tout lumière, sans aucun mélange d'ombre et de faux. Donne-moi la sincérité, afin que cette vérité que je connais, je la laisse se manifester sans aucun voile de réticence. Que mon cœur soit au dedans de moi comme est le cœur de l'enfant qui vient d'être sevré ! »

Une nouvelle année d'enseignement appliqué aux mêmes études ne devait qu'enfoncer plus profondément dans le doute un esprit si sincèrement touché et qui n'a jamais pu supporter l'incertitude. Lent à se résoudre, Scherer, sa résolution une fois prise, la suivait intrépidement. Dès le mois de novembre 1849, il avait officiellement adressé sa démission au président de l'Oratoire. Ne pouvant plus croire ce qu'il enseignait, il ne devait pas enseigner ce qu'il ne croyait plus. Le 28 décembre, en finissant sa leçon, il faisait connaître que c'était la dernière. En même temps, il annonçait à ses auditeurs qu'il ouvrirait prochainement un cours libre pour établir, devant la conscience publique, une discussion sur l'autorité en matière de foi. Le cours eut lieu du 21 février 1850 au 7 juin. Dans l'intervalle, au mois d'avril, avait paru la lettre où il exposait ses principes à un ami. L'excommunication suivit.

Scherer soutint le coup avec sang-froid. Une polémique passionnée s'était ouverte dans la presse. Il en suivait jour par jour les incidents, analysant lui-même chaque article et en rendant compte dans les feuilles qui lui restaient dévouées. Quelque soin qu'il prît de déterminer le point exact de son désaccord en protestant de son orthodoxie sur le reste, on l'accusait de trahir du même coup tout le christianisme. On condamnait du haut de la chaire, on flétrissait son hérésie; on prescrivait aux fidèles de se garder de sa parole comme d'une gangrène; on le fuyait. Il en souffrait silencieusement. « Votre souvenir m'a été doux, écrivait-il à un ami, je n'ai pas précisément besoin d'encouragement, parce que, n'ayant pas été au-devant de mes convictions, mais leur ayant, au contraire, longtemps disputé le terrain, je puis dire que ce sont des convictions et qu'ayant été vaincu, je vaincrai désormais à mon tour. Et toutefois l'émotion a été si profonde et si générale à Genève, le public religieux s'est senti si profondément atteint, le vide s'est fait si complètement autour de moi, que je ne presse pas sans reconnaissance les mains qui me sont tendues çà et là.... » Assurément il avait prévu qu'il aurait à lutter et à souffrir : il n'avait jamais pensé « à ce débordement de calomnies et de sottises ».

Ses partisans, il est vrai, ne montraient pas moins d'ardeur que ses adversaires. Des apologies lui étaient envoyées, avant d'être imprimées, pour qu'il y mît sa marque. Mme Auguste de Staël lui faisait parvenir en manuscrit les observations du duc de Broglie. « Donne-moi les plus grands détails, disait à sa sœur la correspondante de Manheim, mais écris-les-moi sur une feuille à part; car je ne les demande que pour moi et je ne voudrais pas les voir tomber sous les yeux de ma mère et de mon mari. La première n'y verrait que du feu, et le second me réciterait à cette occasion le dernier discours de M. de Montalembert. » Certes elle n'est pas sans anxiété. Elle ne voudrait pas examiner comment et où l'esprit peut être mené par un tel travail. Mais que ce travail soit légitime, cela lui paraît indubitable. « L'homme formé par les vérités qu'une autorité lui a enseignées devient assez fort pour apercevoir les défauts de cette autorité, mais il ne la rejette que lorsqu'il a découvert dans sa propre nature les mêmes vérités d'abord reçues avec tant de foi. Seulement il voit mieux alors ce qui lui est nécessaire, ce qui est purement vrai, et il abandonne peu à peu ce qui avait été adopté par soumission et sans besoin. » Scherer se sentait protégé par ces sympathies avouées ou secrètes. Il savait aussi que l'appui de la jeune école ne lui ferait pas défaut. Ses disciples avaient épousé sa cause et le suppliaient de ne les point abandonner. Autour de lui s'étaient groupés, dès le premier jour, ceux qui devaient, l'année suivante, s'enrôler sous la bannière de la *Revue de Théologie*, Colani, Matter, Réville, Sardinoux, P. Goy, Kunitz, et qui saluaient dans sa déclaration d'indépendance le commencement plein de promesses d'un retour aux véritables principes de la Réforme, l'aurore d'une ère nouvelle pour la science et pour la foi. Ses meilleurs maîtres ne lui refusaient pas les marques d'un intérêt fidèle. Si Merle avait publiquement rompu, si Gasparin, épiant ses moindres discours, n'avait pas craint de susciter une violente controverse, Lutteroth était venu se placer paternellement à ses côtés. Il pouvait être affligé de voir « la science invoquée avec autant d'éclat contre ce que des esprits sincères considéraient comme un des fondements de la croyance; mais il reconnaissait un effort de piété respectable chez l'homme qui avait eu l'énergie de rechercher dans l'expression précédente de sa foi ce qui était blessé à mort et de constater ce qui faisait actuellement le secret de sa force. » De son côté, M. Reuss, à qui Scherer ne laissait rien ignorer de l'état de son esprit, et qui s'applaudissait de le voir ramené par la réflexion aux doctrines libérales, lui prodiguait les plus affectueux encouragements. Vinet enfin, s'il eût vécu, n'aurait-il pas été le premier à le défendre?

On a maintes fois décrit la société vaudoise de cette époque et l'école dont Vinet était l'âme. Sainte-Beuve aimait à rappeler l'excitation morale qu'il avait trouvée dans l'enseignement de l'éloquent professeur de Lausanne et les jours que cet enseignement lui avait ouverts sur l'esprit de Port-Royal. Au moment où il arrivait en Suisse, Vinet venait d'être appelé à la chaire d'*Homilétique* ou éloquence sacrée et de *Prudence pastorale*, c'est-à-dire de préparation à la profession évangélique. L'historien du Jansénisme allait s'asseoir, à ses heures, dans les rangs de ceux que Vinet nommait les *Enfants de Dieu*. « Le grand, l'incomparable profit que je retirai de son voisinage, disait-il en 1849, ce fut de mieux comprendre par des exemples ce que c'est que le christianisme intérieur, d'être plus à portée de me définir à moi-même ce que c'est, en toute communion, qu'un véritable chrétien, un fidèle disciple du maître, indépendamment des formes qui le séparent. Être de l'école de Jésus-Christ : je sens désormais de mieux en mieux ce que signifient ces paroles et le beau sens qu'elles renferment. » Parmi les *Enfants de Dieu* qui se pressaient autour de Vinet, aucun peut-être n'a été aussi près de son cœur que Scherer. Il entrait à peine dans la carrière quand il avait rencontré Vinet pour la première fois, et dès l'abord il s'était senti pénétré. Une visite, un entretien du maître lui laissait pour de longs jours l'âme chaude et rayonnante. « Sa personne, écrivait-il, est l'une de celles qui restent dans la mémoire des hommes comme ayant reflété d'une manière toute particulière l'auguste image du Sauveur ; son œuvre a moins consisté dans ce qu'il a dit et dans ce qu'il a fait que dans ce qu'il a été. Le voir, c'était déjà une lumière et un appel. L'avoir connu est une bénédiction dont on doit reconnaissance à Dieu. » Sa mort prématurée a été certainement une des plus grandes douleurs qu'il ait ressenties. « Nous l'aimions tant, disait-il à un ami, le jour où il apprenait qu'il fallait renoncer à l'espoir de le conserver (2 mai 1847)! Toutes nos pensées se tournaient si naturellement vers lui! Les paroles sont impuissantes pour mesurer l'étendue de cette perte cruelle. Qu'elles se changent donc en silencieuse prière afin qu'au moins l'exemple d'un pareil caractère et l'éclat d'une vie si évangélique ne soient perdus pour aucun de nous! » Nul, que je sache, n'a plus heureusement analysé cette éloquence toute de sentiment, sans appareil théologique ni jargon oratoire, simple et élevée, modeste et forte, allant de l'âme à l'âme, et laissant une impression de sagesse chrétienne virile et tendre; nul n'a pénétré plus avant aux sources de ce talent si humain et si bienfaisant. Dès ce moment, sans doute, Scherer en sentait les faiblesses, il en voyait les limites, mais obscurément, sans s'y attacher, sans vouloir s'en rendre compte. Au lieu d'un livre contenant un exposé systématique de philosophie religieuse, il ne trouvait dans l'œuvre du maître que des articles épars, et il n'était pas sans le regretter. Mais le sentiment commun qui avait inspiré ces articles n'était-il pas à lui seul toute une doctrine? Si bientôt cette doctrine ne devait plus lui suffire, elle restait, en 1850, la base de sa croyance. Il en invoquait le patronage. Quelques-uns de ses adversaires lui contestaient ce droit. Il le maintenait et s'attachait à le justifier.

Très individualiste, pour emprunter le langage de l'école, Vinet avait protesté l'un des premiers contre les théories théopneustiques de Gaussen. A ses yeux, la foi n'avait de réalité qu'autant qu'elle était une adhésion personnelle et volontaire de l'âme. D'où cette conséquence que l'Église n'était pas une institution d'État dépositaire de la vérité et de la grâce, représentant Dieu sur la terre, s'associant au gouvernement des hommes et faisant elle-même office de gouvernement, mais une société de fidèles travaillant librement à l'éducation les uns des autres, cherchant et retrouvant l'idée chrétienne en eux-mêmes, dans les profondeurs mystérieuses où brûle la lampe de la vérité. Sur tous ces points Scherer pouvait se glorifier à bon droit d'être avec Vinet en parfaite communion d'idées. Il ne reproduisait pas moins fidèlement la pensée de Vinet, lorsque s'attachant à la résumer pour les autres et pour lui-même, il écrivait : « Le centre de la personnalité humaine, c'est la conscience

du moi. La conscience du moi est le sentiment que nous avons de notre être en tant que distinct de tout ce qui n'est pas lui. La conscience morale est la conscience du moi en tant qu'elle est affectée par le sentiment de l'obligation. La conscience religieuse, c'est encore la conscience du moi, mais du moi dans ses rapports avec Dieu. Enfin la conscience chrétienne n'est autre chose que la conscience religieuse modifiée par l'Évangile. On ne naît pas chrétien, on le devient. La vérité évangélique correspond au fond de notre nature; l'âme ne la découvre pas, elle la reconnaît. Dès qu'elle y a pris sa place, elle y remplit un vide, elle en éclaircit les ténèbres, elle en lie les éléments, elle y crée la vie et l'unité. L'harmonie de l'Évangile avec la conscience de l'homme est la preuve même de son essence divine. »
Conformément à ces principes, Vinet faisait reposer presque tout son enseignement sur l'accomplissement de l'œuvre intérieure, de l'œuvre de régénération par la foi. Le dogme était pour lui comme sous-entendu. Il confessait la faute originelle, le besoin du pardon, la nécessité de la rédemption, l'impossibilité pour le pécheur de remonter seul vers les régions de la lumière; mais ce qu'il s'attachait avant tout à démontrer

pour s'établir dans les cœurs, c'est que la vérité religieuse était pleinement justifiée par son accord avec les besoins religieux de l'âme. A cet égard encore Scherer pouvait se croire justement dans le plein courant de l'enseignement du maître. Mais là s'arrêtait la communauté des vues. Vinet ne s'est jamais engagé à fond dans la question de l'autorité. Il en était défendu par les scrupules infinis de sa nature, par les défauts mêmes de son esprit. Il avait plus de sagacité morale que de savoir, plus d'élévation que de rigueur. Eût-il été mieux armé pour la dialectique, il se serait réfugié dans le sentiment qu'un des plus profonds interprètes de la pensée .religieuse contemporaine, M. Secrétan, définissait naguère, lorsqu'il disait : « L'Évangile satisfait la conscience parce qu'il la dépasse ».

· Ce sont de tout autres conclusions que, de conséquence en conséquence, Scherer allait tirer avec l'irrésistible entraînement d'une logique impérieuse, sans ménagement pour lui-même, sans réserve sur ce qui lui apparaissait au fur et à mesure comme la vérité. Nous ne pouvons le suivre dans cette polémique. Nous n'en voudrions que dégager la méthode et le sentiment. Elle a duré dix ans. Pendant dix ans, Scherer a lutté pour sauver du naufrage de ses idées religieuses ce que les besoins de sa conscience éclairée par l'étude ne lui interdisaient pas d'en conserver. Resté à Genève, il avait pris rang, dans la *Revue de théologie*, à côté d'un des plus remarquables disciples de Reuss, T. Colani, esprit tout à la fois réfléchi et ardent, théologien et philosophe, prêt à mettre au service de la science des connaissances étendues et les ressources d'une intelligence hardie. D'autre part, il poursuivait ses leçons dans un local privé, rue Saint-Antoine, où, deux fois par semaine, son talent attirait un auditoire d'élite. C'est là qu'il faut l'étudier dans son évolution.

## V

Trois questions marquent chez Scherer le développement progressif et, comme il disait, les points culminants de sa pensée : la question de l'autorité, celle du libre arbitre et celle du surnaturel.

C'est avec une sorte d'impétuosité qu'il attaque la première. Il a raconté que, pendant plusieurs mois, avant d'engager la lutte, il portait sur lui, comme pour fortifier sa résolution, cette note extraite de Mme de Staël[1] : « Il n'est aucune question dans laquelle il faille admettre ce qu'on

1. *Considérations sur la Révolution française*, t. III, p. 14 et 15.

appelle autorité. La conscience des hommes est en eux une révélation perpétuelle et leur raison un fait inaltérable. Ce qui fait l'essence de la religion chrétienne, c'est l'accord de nos sentiments intimes avec les paroles de Jésus-Christ. » Son parti arrêté, il y porta cette décision qui devait si vite l'entraîner si loin. Toute l'énergie qu'il avait appliquée jusque-là à plier son esprit, à le soumettre, se redressa pour embrasser la défense des droits du libre examen.

Divisant le problème afin d'en mieux poser les termes, Scherer envisage à part le Nouveau Testament; et en quelques mots il a accumulé les preuves contre l'inspiration textuelle. Son argumentation est nerveuse, pressante, incisive. Écrit dans une langue morte, le Nouveau Testament n'est accessible aux fidèles qu'à travers les traductions. Il n'est pas fixé dans sa lettre authentique, et le sens en reste souvent obscur, même pour les savants. Les inexactitudes et les contradictions y foisonnent. Au surplus, nulle part il ne se donne lui-même pour inspiré. Assurément Dieu a parlé dans le discours sur la montagne. Mais quand Paul prie un de ses disciples de lui apporter son manteau et ses livres, quand il lui recommande de boire du vin pour sa santé, quand il termine ses lettres par d'affectueuses salutations, peut-on dire que ces commissions et ces recommandations aient été suggérées par l'Esprit saint pour l'édification des siècles? A supposer d'ailleurs que Dieu soit intervenu dans la composition des Écritures, d'où vient que certains livres apostoliques se soient perdus, et qu'il n'ait pas pris soin d'en assurer la conservation? On dit enfin : c'est une certitude absolue que réclame la croyance. A quoi il faut répondre : la question n'est pas de savoir ce que doit être notre conception des choses, mais ce que les choses sont. Les documents du christianisme primitif sont tout ensemble des documents d'histoire et des documents de foi : comme documents de foi, ils représentent la manifestation puissante de la vie nouvelle versée dans des vaisseaux choisis; comme documents historiques, ils participent des erreurs de la faillibilité humaine.

Les livres sacrés ainsi compris, tout s'explique et se simplifie. L'exégèse n'a plus à recourir à des procédés menteurs. La dogmatique n'est plus réduite à admettre un dogme sur la foi d'un mot. La morale remonte aux principes même de l'Évangile. La piété, renonçant aux puérilités du littéralisme biblique, devient une œuvre d'édification personnelle. Dès lors, ce n'est plus seulement le savant, le ministre reconnu, qui en a le secret : le simple fidèle, le colporteur de la montagne est appelé à en partager le bienfait. Telle était la doctrine de saint Paul et telle est la vraie doctrine. Aujourd'hui, on enferme le christianisme dans une formule, on le fixe dans un syllogisme, on étiquette l'orthodoxie, et nul n'est chrétien qui ne s'incline. La foi directe au Saint-Esprit supprime tous les intermédiaires; elle est la consécration des droits de l'individu, et entre l'individu et l'autorité il n'y a rien. Vous demandez ce qui reste du christianisme après que le dogme de l'inspiration en a été retranché? Il reste Jésus-Christ. Ce qui reste de l'Écriture? L'histoire de Jésus-Christ. Ce qui reste à la foi ? La personne de Jésus-Christ. Jésus-Christ est le commencement et la fin, le centre et le tout. « S'attacher à la réalité historique du Seigneur, le prendre tel qu'il se donne, le recevoir tel qu'il se montre, se défier des notions préconçues pour se fier à lui seul, oser se placer en sa présence pour recueillir l'impression qu'il veut produire, s'abandonner à sa parole, à sa puissance, redevenir l'un de ceux qui l'ont suivi dans les bourgades de la Galilée et dans les rues de Jérusalem, comme Marie s'asseoir à ses pieds, assister à sa vie et à sa mort, à sa mort et à sa résurrection, fixer le regard sur sa croix, se plonger dans la muette contemplation de ses souffrances et de sa charité, laisser les traits de cet idéal immortel s'imprimer en nous, cette personnalité sublime façonner notre personnalité, » n'est-ce pas là la foi et le salut promis à la foi? Qu'est-il besoin après cela des sanctions autoritaires de la théopneustie? A ses amis qui interviennent et voudraient le mettre en garde contre ces emportements de confiance critique, Scherer réplique avec une fermeté de résolution croissante : « Non, je n'ai pas renoncé à l'Évangile parce que je me suis détaché du fondement caduc de l'orthodoxie, et j'oserai dire du Nouveau Testament que je ne l'ai perdu que pour le retrouver. L'Église peut-elle péricliter et l'évangélisation souffrir de ce que nous nous plaçons dans la réalité des faits? L'examen ne dissout pas tout ce qu'il touche. La foi est indépendante de la science; elle appartient à une autre sphère ; elle est elle-même la vérité. Quant à moi, je ne cesserai de dire à tous et de me redire à moi-même une parole qui devrait être notre commun mot d'ordre : nous croyons à Jésus-Christ; croyons aussi à la vérité. »

Telles étaient les conclusions, tel était l'esprit des deux *Lettres sur la critique et la foi.* Dix-huit mois après Scherer reprenait la même thèse. Mais déjà le ton de l'argumentation s'était modifié. C'est du doute et non plus de la foi qu'il procédait. L'homme cultivé, dit-il en substance, est fatalement amené à ressentir une opposition entre son intelligence et sa foi. Or, quand le doute a pénétré dans une âme, la science qui a posé la question peut seule la résoudre. Mais la science, c'est la discussion contradictoire ; et s'il est impossible que la foi, dans certaines circonstances, évite cette épreuve, il n'est pas moins impossible qu'elle en sorte telle qu'elle était auparavant. La naïveté de la foi est comme l'innocence d'Éden : dès qu'on l'a perdue, on ne la retrouve plus. A supposer qu'elle croie les mêmes choses, elle y croit d'une autre manière. L'ancienne théologie partait de l'incompétence absolue de l'homme en matière religieuse et de la nature essentiellement mystérieuse de la religion. La théologie moderne a pour principe que la révélation, étant adressée à l'homme, doit être accessible à l'homme, qu'elle n'est vraie qu'autant qu'elle peut être comprise, qu'elle n'est religion qu'autant qu'elle répond à notre nature religieuse.

« Je ne puis pas plus admettre un dogme qui jure avec l'idée que je me suis faite des conceptions divines, que je ne puis me soumettre à un précepte qui offense en moi le sentiment du bien. Je ne crois pas à l'excellence morale des actions du Seigneur non plus qu'à la vérité de ses paroles parce que je crois à son infaillibilité, mais je crois à son infaillibilité parce que j'ai reconnu que ses paroles sont vraies et que ses actions sont saintes. S'il arrivait que je rencontrasse dans son enseignement une parole que repousserait mon sentiment intime, je dirais, non pas : cette parole est certainement vraie puisqu'il l'a dite; mais : il ne l'a pas dite, puisqu'elle n'est pas vraie. Dieu a voulu que la foi en lui ne reposât que sur la foi que nous avons en nous, c'est-à-dire dans les lois de notre nature et dans les conditions de la certitude. Sans la croyance à une divinité qu'elle comprend, l'âme humaine s'affaisse sur elle-même comme un sac vide qui ne peut se tenir. Par la croyance à une divinité qui lui échappe, elle laisse dépérir en elle la semence de vie. Seule, l'étude réfléchie de l'Évangile peut aboutir au développement de l'idée chrétienne, c'est-à-dire à une religion plus religieuse, à un protestantisme plus conséquent, en un mot, à un christianisme plus universel parce qu'il sera plus spirituel. A mesure que le culte devient davantage culte en esprit et en vérité, on comprend mieux qu'il y a salut hors de l'orthodoxie, comme il y a salut hors de l'Église, parce que l'Évangile est quelque chose de plus grand que toute Église. »

On peut croire qu'en prenant la *Vie de Jésus* pour sujet de cours, tandis que se poursuivait cette controverse, Scherer avait la pensée de donner à ses adversaires comme à ses amis un gage de sa fidélité chrétienne. C'était d'ailleurs entre tous le sujet auquel il devait avoir le désir d'appliquer les règles de sa critique. Parmi ses travaux antérieurs, il n'en était pas un qui ne l'y eût préparé ; et quel couronnement plus auguste pour l'édifice de sa foi ! Dans les notes merveilleusement ordonnées qu'il avait conservées, sous le titre : Esprit du cours, on lit : « Confiance dans la vérité, lutte avec la réalité des faits dans l'assurance qu'il en sortira une bénédiction. Deux points de vue seuls possibles ; celui de l'autorité, c'est-à-dire de l'inspiration absolue qui ordonne d'abdiquer, celui de la recherche sérieuse, pieuse, mais inexorablement scientifique. Respect et sincérité. Point de négation systématique. Point d'affirmation précipitée. Négation, condition indispensable de la réflexion, conséquemment condition de la foi, — la foi, comme le corps humain, éliminant par l'analyse tout ce qui lui est hétérogène et s'assimilant tout ce qui lui convient. Pour épigraphe, une pensée de Schleiermacher : « La foi la plus pure et la recherche la plus rigoureuse ne font qu'une seule et même chose, puisqu'aucun homme ne saurait vouloir à la fois croire à la vérité divine et accepter des illusions, qu'elles soient anciennes ou nouvelles, qu'elles lui soient propres ou étrangères. »

Cependant ce cours, dans son développement comme dans sa conception première, n'était rien moins qu'un cours d'exégèse. Ce que Scherer poursuivait dans la science et par la science, c'était un dessein d'édification, ce qu'il appelait tout à l'heure une espérance de bénédiction. Aussi bien les faits, que sont-ils en eux-mêmes dans la vie de Jésus, lorsqu'on serre les textes? Nous ne savons rien de sa vie domestique, rien des premiers épanouissements de sa vie religieuse, si ce n'est qu'il aimait à prier dans la montagne; rien de ses relations habituelles avec ses disciples et avec les femmes qui l'accompagnaient, rien de la manière dont il les reprenait et les instruisait. Et en même temps, tel est le relief avec lequel son caractère moral revit dans l'Évangile, qu'il n'est point de personnage, ancien ou moderne, dont nous ayons une connaissance plus exacte, point d'image qui soit entrée plus à fond dans l'âme de l'humanité. C'est cette image, étudiée à la lumière des récits évangéliques, que Scherer avait entrepris de faire resplendir dans la conscience de ses auditeurs. Il ne se tiendra pour satisfait, disait-il en terminant, que s'il est arrivé « à allumer en eux le feu sacré de l'amour pour le Christ et du dévouement à sa parole: amour et dévouement en dehors desquels il n'y a ni Église ni pasteur.... Par la pratique de la méthode et de la science, il a voulu leur faire sentir que tout est attaquable, mais aussi que tout est indifférent hormis le Sauveur du monde. »

Mais plus il s'assurait lui-même dans son attachement à l'Évangile, plus il se croyait en droit de défendre la doctrine de l'interprétation libérale dont il s'était fait l'apôtre. Il y revenait avec un redoublement de précision dans deux articles qui se suivirent à peu d'intervalle, l'un sur *L'inspiration de l'Écriture*, l'autre sur *La Bible*. Dans une suite d'oppositions saisissantes, il établissait la distinction entre l'esprit et l'écriture : « l'esprit qui va du dedans au dehors, et l'écriture ou l'autorité qui va du dehors au dedans; — l'écriture qui est une règle et l'esprit qui est une force; — l'écriture qui est la forme et l'esprit qui est le principe; — l'écriture qui est la contrainte, l'impuissance, la mort, et l'esprit qui est la liberté, la joie, la vie; — l'écriture qui, parce qu'elle est arbitraire, est temporaire, nationale, bornée, et l'esprit qui est universel et éternel; — l'écriture qui ne peut se passer de la sanction d'une promulgation surnaturelle et du ministère d'autrui, et l'esprit qui, s'étant produit avec une pureté parfaite dans la personne et la parole de Jésus de Nazareth, se fait tout à tous, et porte d'aplomb sur la conscience. » Ainsi en est-il particulièrement de la Bible. Pour croire que la Bible est expressément dans chacune de ses lignes une révélation de Dieu, il faudrait que ce but des Écritures fût manifestement marqué, ce qui n'est pas ; que l'usage en fût facile à tout homme, ce qui n'est pas davantage; qu'œuvre de Dieu, elle fût littérairement une œuvre sans tache, ce qui est moins encore. Mais l'enseignement qui nous amène si irrésistiblement à Dieu ne peut venir que de Dieu. Si la Bible n'est pas la parole de Dieu, elle renferme la parole de Dieu. « Oui, la dogmatique a changé, elle change et elle changera; mais la foi restera et, avec la foi, la Bible où se trouve l'objet de la croyance. En vain a-t-elle été une source de puériles inventions, un aliment pour la piété superstitieuse, le champ clos des disputes des théologiens : elle a triomphé de la sottise des uns et de la négation des autres; elle en triomphera encore et continuera à jamais de consoler les douleurs et d'apaiser les consciences. S'il est quelque chose de certain au monde, c'est que les destinées de la Bible sont liées aux destinées de la sainteté sur la terre. L'œuvre religieuse ne sera accomplie que lorsque la conscience et l'Évangile seront reconnus comme deux surfaces qui doivent se couvrir exactement. » Et il appelle de tous ses vœux, il attend l'homme qui consommera cette œuvre de salut, le chrétien qui prendra souverainement la direction de la pensée de son siècle, un Gœthe ou un Hegel pour l'étendue des connaissances, pour l'autorité philosophique ou littéraire, mais portant l'Évangile dans le cœur, « celui qui laissera tomber comme un vêtement usé tout ce qui est temporaire dans la foi des âges passés, tout ce que la critique a victorieusement attaqué, tout ce qui divise les églises, mais qui saura en même temps parler aux consciences, ranimer l'amour du vrai, trouver le mot de l'avenir en dégageant ce qu'il y a d'identique, d'éternel dans le Christianisme de tous les temps. »

Enfin, sous le voile de l'anonyme, dans les *Lettres à mon Curé*, Scherer prenait encore une fois la défense des droits de la conscience individuelle ; et, élargissant la question de l'autorité il portait le dernier coup à ses adversaires, en feignant de les confondre avec ceux-là mêmes qu'ils se donnaient pour mission de combattre. Il commençait par le déclarer : il ne voulait pas qu'on le crût capable de méconnaître la beauté de l'Église de saint Bernard et de saint Louis, de Pascal et de Fénelon. « Le catholicisme, disait-il en très nobles termes, a été une des grandes choses de ce monde : il a veillé au berceau de la société moderne ; il lui a appris le nom de Dieu et celui de Jésus-Christ ; il lui a inculqué la foi à l'esprit et à l'immortalité ; il a, dans les âges de rudesse et de licence, représenté seul la justice et la charité. » Mais d'où venaient à l'Église les titres qu'elle alléguait à l'infaillibilité ? Sur quoi les faisait-elle reposer ? Sur un texte des livres saints ? Sur l'autorité des papes ? Sur celle des conciles ? Ni la vraie théologie, ni l'histoire, ni la conscience humaine ne pouvaient reconnaître ce privilège. C'est la faute, c'est le danger de l'Église catholique d'avoir fait du catholicisme, en même temps qu'une institution de tutelle religieuse, une forme adéquate et parfaite de la religion chrétienne. En se fondant sur le besoin qu'éprouvent la plupart des hommes d'abdiquer, de renoncer à toute individualité spirituelle, pour se laisser enseigner, diriger et sanctifier par le prêtre, le catholicisme a ébranlé le principe vital de la foi. « On se représente le ciel comme une habitation dans laquelle on entre par le pardon ainsi qu'on entre par une porte et où l'on est admis en vertu d'une condition tout extérieure qui est la substitution du Christ au pécheur, et d'une condition tout arbitraire qui est la foi à cette substitution. Notions grossières qui confondent avec la nature intime des choses un symbole emprunté aux usages des hommes. On s'est défié de la conscience et du témoignage qu'elle rend à la vérité de Dieu, lorsque cette vérité entre en contact avec elle. Et c'est ainsi qu'on nous a fait une théologie inexacte et morte. »

Cette théologie correcte et vivifiante dont il voulait rapprendre les règles à ses coreligionnaires en leur montrant où la méconnaissance du principe sur lequel elle s'appuyait avait conduit le catholicisme, Scherer était-il bien sûr d'en posséder encore lui-même le véritable esprit? Ses adversaires ne l'épargnaient point. Lorsqu'il lui arrivait de citer l'autorité de Vinet, de rappeler, pour excuser l'énergie de sa dialectique, qu'au témoignage du maître, « l'intelligence n'ayant affaire qu'avec des idées, choses abstraites et insensibles, n'a point de charité à exercer, que la charité dans cette application serait un suicide », ils refusaient de le comprendre; ils lui signifiaient que, s'il relevait de Vinet, c'était comme Voltaire relevait de Luther. Ses partisans eux-mêmes commençaient à s'inquiéter de ses hardiesses méditées. Ils se demandaient où les conduirait une controverse publique conduite avec tant d'ardeur. « Cher enfant, lui écrivait Adolphe Monod au moment où il allait se lancer dans le débat sur l'autorité (28 avril 1851), plus je pense à notre entretien d'hier, plus je suis effrayé de la voie que je crois voir s'ouvrir devant vous. Traditions de l'Église, Écritures, autorité de Jésus-Christ, autorité de Dieu, doctrines sûres et arrêtées, foi, tout me paraît engagé et devoir s'en aller tôt ou tard.... Vous m'avez dit un jour : si j'ai dépassé la limite, — ce dont vous sembliez admettre la possibilité, — je ne demande pas mieux que d'être éclairé. Mais comment l'être, en vous hâtant de donner vos idées au monde et, par conséquent, de les formuler, de les forcer peut-être? Pesez cette suggestion, qui est entre vous et moi, comme venant d'un frère qui vous aime en Christ et qui se reconnaît lui-même, en cette matière et en bien d'autres, un chercheur de vérité dans la sainteté. »

Le conseil était sage, aussi sage que tendre. Mais ce n'était point seulement la fièvre de la discussion qui échauffait Scherer. Quelque intérêt que son amour-propre prît à la lutte, il obéissait à un autre sentiment, à un sentiment qu'aurait excité peut-être, bien loin de l'apaiser, la réflexion solitaire. Tandis qu'il défendait pied à pied le terrain sur lequel il s'était placé, étendant chaque fois davantage le cercle de son affranchissement, un travail plus profond s'opérait dans son intelligence et se précipitait. Presque toujours chez lui la portée générale de la pensée dépassait le but de l'argumentation particulière qu'il soutenait. Son esprit était en avance sur ses conclusions. La conception historique de la Bible, telle que Schleiermacher l'avait établie avec ses différences d'époque et ses inégalités d'inspiration, la foi « à un Christ historique, reconnu, salué, embrassé par la conscience » avait d'abord pleinement satisfait les exigences de sa raison. Mais les principes ont leur logique inévitable. Dès 1851, au moment même où Adolphe Monod se préoccupait du péril avec une si paternelle sollicitude, Scherer avait le sentiment profond de la « révolution » qui l'entraînait. Le mot est de lui. « La révolution la plus profonde qui puisse marquer notre vie, écrivait-il avec une émotion d'une gravité saisissante, est celle qui s'accomplit lorsque l'absolu nous échappe, et, avec l'absolu, les contours arrêtés, le sanctuaire privilégié et les oracles de la vérité. Il est difficile de dire tout ce qu'il y a d'agitation dans notre cœur, lorsque nous commençons à reconnaître que notre église et notre système n'ont pas le monopole du bien et du vrai, lorsque nous rencontrons des hommes également éminents et sincères qui professent les opinions les plus opposées, lorsque le péché et la justice deviennent à nos yeux comme les degrés infinis d'une échelle qui s'élève jusqu'aux nues et plonge jusqu'aux enfers, lorsque nous découvrons qu'il n'y a point d'erreur qui n'ait un mélange de vérité, point de vérité qui ne soit partielle, étroite, incomplète, entachée d'erreur, lorsque ainsi le relatif nous apparaît comme la forme de l'absolu sur la terre, l'absolu comme un but éternellement poursuivi, mais éternellement inaccessible, et la vérité comme un miroir brisé en mille fragments qui tous réfléchissent le ciel et dont aucun ne le réfléchit tout entier. Jusque-là la soumission avait suffi; maintenant l'examen devient un devoir. L'autorité et l'absolu ont disparu en même temps; et, puisque la vérité n'est nulle part concentrée entre les mains d'un seul dépositaire, il s'agit désormais de chercher, d'éprouver, de choisir. » Deux ans plus tard, l'épreuve avait déjà amassé dans son esprit ou tout au moins préparé bien des ruines. Ceux qui pénétraient sa pensée, ceux qui la voyaient s'essayer, pour ainsi dire, dans les entretiens intimes, ceux-là disaient dès lors ce qu'il disait lui-même de Thomas Arnold : « Que Jésus de Nazareth n'était plus pour lui un dogme, ni même une croyance, mais un ami et un frère, un être de notre race, bien qu'incomparable, le plus grand d'entre les fils des hommes et celui dont l'exemple reste à jamais notre idéal, dont la parole demeure l'éternelle nourriture des âmes affamées[1]. »

L'article sur *le Péché* (1855) marque la crise décisive. « Au fond, écrivait-il dans sa seconde lettre sur *la Critique et la foi*, il n'y a qu'une hérésie, c'est la négation du péché : mère de toutes les autres, elle arrive promptement à nier

1. Voici comment quelques années après il exprimait pour lui-même ce sentiment dans une lettre adressée à un ami : « ... Il faudra bien finir par reconnaître que le Christianisme ne consiste pas plus dans la perfection ou l'infaillibilité de Jésus, dans sa personne, comme l'a cru la théologie nouvelle, que dans l'enseignement biblique en général, comme le croyait l'orthodoxie. Le Christianisme, c'est un certain nombre de principes religieux, probablement tous réductibles à un seul, que Jésus a puisés dans la profondeur de sa conscience religieuse et qu'il a proclamés (j'aime mieux ce mot que révélés) au monde. Peu importe que ces principes aient été mêlés d'imperfections, enveloppés d'une forme nationale ou temporaire, ils se sont développés, ont pris place dans la conscience humaine, ont secoué leur enveloppe, se sont purifiés de tout alliage et *continueront à le faire en vertu de leur vitalité propre et de la logique intime des choses*. Beau privilège de la vérité! »

Dieu» ; et les plus importants de ses travaux de jeunesse allaient à combattre cette hérésie. La question de la liberté est une des premières qui aient sollicité son esprit. Elle était le sujet qu'il avait pris pour thèse de baccalauréat en théologie. Sous la forme d'une *Histoire du dogme de la liberté morale*, il y présentait l'analyse des différents systèmes qui ont partagé les philosophes, ne dissimulait aucune des objections que soulevaient ces systèmes, exposait avec force les arguments qui mettaient en doute le principe même de la liberté, semblait parfois se laisser induire par la rigueur du raisonnement à les prendre à son compte ; puis revenant à l'autorité de la Bible et cherchant un asile dans sa « conscience théologique », il concluait comme Bossuet qu'entre la toute-puissance de Dieu et le libre arbitre de l'homme il faut tenir les deux bouts de la chaîne, encore qu'on ne voie pas bien l'enchaînement par lequel elle se continue, c'est-à-dire finalement « qu'il faut oser croire à une conciliation indémontrable ». Cinq ans après (1844), dans l'examen d'un écrit intitulé : l'*Orthodoxie moderne*, il soutenait vigoureusement la même doctrine. « L'accord de ces deux termes,— l'intervention de Dieu et la spontanéité de la volonté humaine, — peut paraître difficile. Mais peu importe, si ces termes sont l'un et l'autre des faits. La contradiction n'est qu'apparente. Il y a mystère, le mystère de la grâce. Or l'orthodoxie ne se refuse pas à admettre le mystère. »

En 1855, Scherer écartait la solution du mystère. Le péché est le fond du dogme chrétien, raisonne-t-il, et l'homme en porte en soi l'indéniable réalité. Mais comment le péché peut-il être péché, s'il provient de notre nature? Pour accorder la présence du péché dans le monde avec la sainteté de Dieu, la théologie recourt à la doctrine de la chute. Adam a violé la loi divine, et, pécheur, il a donné naissance à une race de pécheurs. Ainsi le veut l'orthodoxie. Or cette orthodoxie est affectée d'une contradiction profonde. En effet, le péché ne peut se transmettre par le fait de la génération sans perdre son caractère de fait libre : inhérent à l'homme par la condition de sa naissance, il est par là même une condition inévitable de la nature humaine, et alors que devient l'idée de la moralité? Dieu est-il l'auteur du péché? Tel est le nœud de la question. Si Dieu est l'auteur du péché, Dieu n'est plus Dieu, ou le mal n'est plus le mal. Dira-t-on que Dieu a créé le péché comme épreuve, en mettant le rachat à côté de la faute? Mais en vain essayerait-on de démontrer à la conscience angoissée que, si le péché en tant que péché est ce qu'il ne doit pas être, Dieu aime la créature malgré le péché et se réserve d'assurer son salut. Où donc chercher la solution du problème? Dans la liberté. Dieu, en créant l'homme, a voulu créer un être moral. Il aurait pu le placer dans un état d'innocence; l'état d'innocence n'est pas la moralité. Il n'a pu le placer dans un état de faute; l'état de faute n'est pas compatible avec la responsabilité. Ni la conscience n'a reçu le péché en charge, ni le péché ne s'impose fatalement à la conscience. La conscience et le péché sont deux phénomènes moraux qui se produisent ensemble et se développent concurremment, à demi confus d'abord, puis se dégageant l'un de l'autre par l'effet même de la lutte qu'ils engagent l'un contre l'autre. Les choses ainsi expliquées, le péché demeure péché. C'est un fait imputable à l'homme ; car il n'est point le résultat d'une nécessité. C'est un fait coupable; car il est en contradiction avec l'idée de l'homme tel que l'homme la trouve en sa conscience. Enfin, c'est un fait conforme à la pensée que la créature conçoit de Dieu. Croire que Dieu a entendu racheter l'humanité par un acte une fois accompli de sa puissance, n'est-ce pas abaisser sa souveraineté? Combien n'est-il pas plus digne de la grandeur et de la bonté suprêmes, qu'en acceptant par la liberté les conditions de la moralité, en consentant à la recherche, à la lutte, partant à l'imperfection, partant aussi à la perfectibilité, Dieu ait ouvert à l'homme les voies d'une progression continue dans la spiritualité!

Cette profession de principes qui allait à l'encontre du dogme souleva tout le monde. Il ne s'agissait plus d'une interprétation plus ou moins littérale des textes sacrés. C'est la doctrine chrétienne du péché originel qui était mise en cause. Scherer ne s'en défendait point. Il avait senti l'importance de sa thèse. Il demandait qu'on le jugeât avec indulgence : il avait essayé de sauver la notion du péché; ce n'était qu'une recherche. Il voyait bien que ses meilleurs amis, ceux qui l'avaient soutenu jusque-là, étaient ébranlés et tout près de le renoncer. Il rappelait à cette occasion que « l'union des rédacteurs de la *Revue théologique* dans la poursuite d'un but commun, c'est-à-dire le libre développement de la science sur la base immuable du salut en Jésus-Christ, n'impliquait point une solidarité absolue, et que chacun d'eux, conservant son indépendance, répondait individuellement des opinions qu'il émettait ». Il se déclarait donc disposé à entendre toutes les objections. Il ajoutait même qu'il serait heureux que la question fût reprise par quelque plume plus autorisée que la sienne.

La controverse ne pouvait que le confirmer dans l'opinion à laquelle il s'était arrêté; et bientôt, résumant sa pensée dans un *post-scriptum* plus concluant que la discussion même, il arrivait à établir nettement ces trois propositions : « 1° La liberté absolue ou liberté d'indifférence est une notion qui se perd dans son propre vide. Si le libre arbitre n'est libre qu'à la condition de se déterminer par lui-même, c'est-à-dire sans motif, d'un autre côté, une volonté qui se détermine sans motif de le faire est une idée contradictoire; c'est une roue qui tourne dans le vide et ne s'engrène pas. 2° L'homme se détermine par lui-même, et, dans ce sens, il est libre. Mais cet homme qui se détermine ainsi est, dès l'origine, déterminé par sa propre nature, et, dans ce sens, il n'est pas libre, ce qui revient à dire que l'homme n'est pas libre au sens absolu, mais seulement au sens relatif du mot. 3° Le sentiment invincible de la liberté, la conscience impérieuse de la responsabilité, ces conditions fondamentales de la vie morale de l'homme, s'expliquent par la distinction précédente. Je me sens libre parce que je suis libre; moi, dis-je, c'est-à-dire l'être donné, déterminé, qui porte ce nom, et dont la détermination constitue précisément le moi. Je me sens libre parce que ce qui est déterminé en moi, c'est moi-même, et que je ne puis me distinguer de moi-même. Je suis contraint, si l'on veut, mais contraint par quoi? par ma nature. Or ma nature, c'est encore moi, et c'est pourquoi, tout en étant déterminé par elle, je me sens déterminé par moi-même. Ce qui revient à dire que je me sens libre. La liberté est l'inévitable illusion de la conscience du moi. » — Ainsi tombaient tous les voiles. C'était la pure doctrine de Leibnitz et du déterminisme.

Restait le question du surnaturel. Scherer était prêt à l'aborder.

Quand on suit sa polémique au jour le jour, on reconnaît bien çà et là qu'il ne se refusait pas à s'en laisser distraire. Il se prêtait aux travaux les plus divers. Il acceptait tous les devoirs. Ses ressources ne lui permettant plus de donner des maîtres à ses enfants — il en avait eu six, il lui en restait cinq, trois garçons et deux filles, — il s'était fait leur précepteur. Il ne se plaignait pas de la tâche. Il n'en connaissait pas de plus douce, et elle ne l'avait point prise au dépourvu. A Strasbourg, il collaborait à des cours préparatoires aux examens du brevet d'enseignement primaire. On lui avait même demandé le plan d'une *pédagogie* complète : nous en avons retrouvé l'ébauche dans ses notes. Suivant ses habitudes de rigueur, il ne faisait à ses enfants aucune leçon de français, d'histoire ou de géographie, qu'il ne se fût d'abord faite à lui-même, se sentant incapable dans les choses les plus simples d'expliquer ce qu'il ne s'était pas assimilé. Il aurait voulu leur enseigner les sciences naturelles; mais, à son regret, le fond lui manquait. Pour ses fils, il avait commencé par le grec l'étude des langues anciennes. Il s'était remis à ses auteurs avec enthousiasme. « J'ai lu les *Perses* d'Eschyle, écrivait-il; mon admiration pour l'antiquité va croissant.... Décidément l'art grec, c'est-à-dire la réserve dans la force, le goût dans la puissance, me touche plus que l'art chrétien ou romantique. J'aime mieux Eschyle que Shakespeare. Je ne connais rien de plus parfait que Thucydide.... » et ailleurs : « J'ai fini le *Phèdre*; quelle belle prière que celle de Socrate : O Dieux, donnez-moi la beauté intérieure de l'âme!... » Après une de ces lectures, tout restait longtemps autour de lui comme illuminé. Il lui semblait qu'il voyait plus clair en ses élèves. Il s'attachait à pénétrer leur esprit, à démêler leur caractère. Que ne pouvait-il lire dans leur avenir! Il les obligeait à lui rendre compte de leurs impressions et, dans la mesure de leur âge, à juger. Il leur tenait le cœur haut. Il n'avait pas de plus grand souci que de former en eux le sentiment religieux. Ils ne suivaient les exercices d'aucune Eglise, mais ils participaient tous les dimanches au culte de famille : le père lisait lui-même la Bible en la commentant. C'était pour lui un principe que l'enfant doit être élevé dans la foi où il est né, sauf à ce que plus tard la conscience, si elle en décide autrement, accomplisse librement son œuvre. Ainsi se donnait-il dans la plénitude et la sagesse de son affection. Au fond cependant cette préoccupation si vive n'était qu'une diversion. Les réflexions qu'elle lui suggérait le ramenaient par une pente inévitable à l'objet permanent de sa pensée et le relançaient.

Lorsque les reproches de ses amis le serraient de trop près, il leur donnait pour explication, sinon pour excuse, que l'homme n'apprend pas seulement ce qu'il veut apprendre, qu'il apprend sans cesse malgré lui, par le cours des événements, par le spectacle du monde, par la souffrance, que chaque connaissance nouvelle modifie nécessairement la masse des connaissances précédemment acquises, que c'est de cette façon que se faisaient les révolutions spirituelles, que le christianisme lui-même n'avait pas autrement agi sur les âmes. La vérité est qu'il n'attendait pas que les questions vinssent à lui. Il allait à elles. Il n'en avait pas plutôt résolu une qu'une autre surgissait sous son regard. Elles se succédaient comme la vague à la vague. L'activité militante de son intelligence ne lui laissait ni trêve, ni repos.

Il cherchait incessamment comme une image de son âme dans l'âme de ceux qu'avaient préoccupés ou que préoccupaient les mêmes problèmes. Il lisait Veuillot, le père Gratry, Joseph de Maistre, Lamennais, Pascal. Les affirmations de Joseph de Maistre et de Veuillot provoquaient ses impatiences, presque ses colères, moins encore en raison du caractère d'autorité sur lequel elles se fondaient, que parce qu'il y voyait la marque « d'un fanatisme aveuglément fermé à la notion du progrès, et pour qui les transformations des sociétés s'accomplissent, comme la rotation de la terre, sans qu'on s'en aperçoive ». Il avait plus de goût pour les théories logiques du père Gratry; mais cette doctrine de pur raisonnement, abstraite, sans rapport suffisant avec la vie morale, ne satisfaisait pas les besoins de son cœur. Il lui en voulait presque de s'être guindé à raisonner comme Leibnitz, alors que la nature l'avait fait pour prêcher comme Fénelon. Fervent admirateur de Pascal naguères, non moins ardent et presque plus exigeant que lui, nous l'avons vu, il s'en détachait. « Pascal, disait-il dans une de ces notes qu'il n'écrivait d'abord que pour lui(1853),a les inconvénients de l'absolu. Il ne comprend point ce qui est en dehors de son point de vue théologique : la vie, l'humanité, le monde, lui sont à bien des égards un livre fermé. Il est sublime, mais étroit, singulièrement étroit. Il doit plus choquer qu'édifier l'homme qui a pratiqué les hommes et qui sait voir les choses par leur côté relatif. » Et moins de trois ans après, il le déclarait publiquement : « Pascal a fait son temps comme apologiste chrétien; son apologie a vieilli, vieilli tout entière, méthode et arguments; il ne reste que le plus éloquent des maîtres de morale. »

Lamennais, au contraire, s'emparait chaque jour davantage de son esprit. Il n'admettait pas la doctrine de l'*Essai sur l'Indifférence;* il était trop individualiste pour reconnaître le consentement général comme signe infaillible de la vérité. Mais ce qui le séduisait, c'est « le besoin de grand air et de lutte ouverte, le sentiment de générosité chevaleresque » qui inspirait l'*Avenir*. Il était pénétré d'admiration, de respect, « pour le courage de ce sincère amant de la vérité ». « La vie de Lamennais, — l'article est de 1854, la date est encore à relever, — partagée entre des tendances contraires, manque nécessairement d'unité et offre un facile thème de critique aux petits esprits. Mais au fond, combien cette vie toute pleine de ce que le monde appelle inconséquences est plus sainte que tant d'existences dont l'uniformité est due au parti pris! Lamennais a eu deux de ces torts que le vulgaire ne pardonne pas : il a porté sa pensée avec un sérieux profond, avec une activité incessante, sur tous les sujets; et, quand sa pensée eut modifié ses convictions, il n'a pas hésité à se l'avouer à lui-même et à l'avouer au monde.»

La principale préoccupation de Lamennais avait été l'explication du surnaturel. En 1854,

Scherer n'en avait pas encore définitivement abandonné l'idée. Mais la question lui semblait sans importance. Il la subordonnait. Que le chrétien arrivât à s'affranchir de la superstition de l'autorité, qu'il reconnût une révélation dans tout ce qui est divin, le divin dans tout ce qui est vrai, qu'il jugeât des choses religieuses d'après leur caractère intrinsèque, non d'après une attestation extérieure; « et il n'aurait plus besoin du prodige, il renoncerait de lui-même à opposer stérilement ce qui est de l'homme et ce qui est de Dieu; il entrerait en rapport direct avec la vérité sans avoir plus d'intérêt à repousser qu'à admettre le miracle. » Évidemment ce n'était plus là le ton de confiance enthousiaste de l'ancien disciple de Gaussen. Ce n'était même plus la réserve du professeur d'exégèse essayant de justifier le miracle en le présentant « comme une modification des lois connues par la mise en jeu de lois inconnues », ainsi qu'il l'avait fait au cours de son exposé de la vie de Jésus. Cette façon de défendre le surnaturel trahissait manifestement la conscience d'un profond affaiblissement dans la foi. Le cri de la négation, longtemps gardée au fond de son âme, ne pouvait pas tarder à s'en échapper.

Dans une suite de *Conversations théologiques* (1857), il avait tour à tour considéré la force et la faiblesse du catholicisme et du protestantisme, l'un s'appuyant sur l'autorité, l'autre sur la liberté, l'un s'imposant uniformément à toutes les âmes, l'autre s'adressant à la conscience individuelle; l'un devenu la religion, à l'état inconscient d'usage, de tradition nationale : l'autre resté, non sans mélange d'ailleurs, la religion de l'examen, la vraie religion; tous deux fondés sur la manifestation surnaturelle de Dieu, sur le miracle. Tout d'un coup, rompant avec son interlocuteur : « Le surnaturel, s'écrie-t-il! Mais y a-t-il d'autre vérité que le fait?.... La foi et la critique sont inconciliables.... Renoncer à la critique, c'est renoncer à la sincérité, à la raison.... Essaye-t-on de se réduire à être, comme Jacobi, chrétien par le cœur et païen par l'intelligence? cette contradiction elle-même ne peut subsister longtemps au cœur de l'homme Le monde commence par la religion, et, rapportant directement le phénomène à une cause première, il voit partout un Dieu. Puis la philosophie, ayant découvert l'enchaînement des causes secondes et les lois de leur action, réduit d'autant l'intervention directe de la divinité et tend, par ses principes, à l'exclure du monde. Ne pouvant l'expliquer, elle se trouve portée à la nier. Mais quand une philosophie n'a d'autre Dieu que l'univers et d'autre homme que le premier des mammifères, elle n'est plus que de l'histoire naturelle. L'histoire naturelle est toute la science des époques matérialistes, et c'est là que nous en sommes. »

Un pas encore et l'évolution sera achevée. L'étude sur Hegel et l'Hegelianisme en fixe le terme (1861). Pénétré par toute son éducation de la science allemande, Scherer l'avait, pour ainsi dire, laissée sommeiller en lui. Spinoza et Hegel furent longtemps ses maîtres latents. Mais tout le terrain d'où la foi se retirait dans sa conscience était aussitôt occupé par les théories qu'ils y substituaient. Le jour où, pour la première fois, sa croyance encore intacte, — qu'il croyait telle du moins, — laissait l'absolu céder la place au relatif, c'était Spinoza, sans qu'il en eût le clair sentiment, qui entrait en possession de son esprit. Lorsque, dans ses études d'exégèse, la critique, dépouillant le fait de l'idée préconçue, le plaçait en présence de la vérité nue, de la réalité des choses, c'était la méthode de Hegel qui s'imposait à son intelligence[1]. Ses adversaires lui reprochaient d'avoir abattu la maison où il avait si longtemps vécu

1. Une de ses notes contient un curieux témoignage de ce travail intérieur. Cinq ans avant de publier sa profession de fo Hegelienne, dans un article daté de février 1855, il avait écrit : « La vérité n'est pas sur la terre, la vérité se fait. En d'autres termes, la vérité pour les hommes et dans les hommes n'est jamais que relative, provisoire, fragmentaire. La vérité absolue que tant de gens cherchent et que tant d'autres croient posséder n'existe pas; il n'y a, en fait de vérité, qu'une genèse éternellement inachevée de la vérité. Cette proposition rencontre une résistance passionnée de la part de nos absolutistes en philosophie et en théologie. Ils en appellent à la conscience, comme à ce qu'il y a de plus sacré en nous, comme à l'élément de l'absolu dans l'humanité, rappelant que le propre de la conscience, c'est de s'imposer d'une manière absolue, et qu'elle n'est plus si elle n'est pas cela. Je l'accorde, je le proclame avec vous. Mais cette argumentation méconnaît que le caractère absolu de la conscience se produit dans la sphère qui lui est propre, celle de la vie morale de l'individu, celle du devoir. Vouloir donner à cet élément la même valeur dans une autre sphère, par exemple dans celle de la pensée, essayer de faire du sentiment de l'obligation le fondement d'un système des choses, prétendre faire plier toutes les autres réalités devant cette réalité, c'est une prétention exagérée. La conscience, souveraine dans le domaine subjectif de la morale, ne peut entrer comme élément objectif dans le système des choses humaines qu'en se soumettant à ce contrôle et à cette discussion qui résultent du rapprochement même de tous les éléments de la réalité. » En relisant ce passage sur l'épreuve, il le retrancha, non que le passage ne le satisfît point : « le développement, dit-il, avait jailli de ma pensée ». Mais cette pensée ne lui paraissait pas encore assez mûre pour justifier une déclaration publique. — Il garda de même pendant plus d'une année en portefeuille les *Conversations théologiques*, avant de les publier.

heureux et honoré, avant de s'être ménagé, suivant le précepte de Descartes, un abri sûr, une « morale par provision ». L'abri s'était jour à jour élevé au milieu des ruines et une morale nouvelle avait finalement remplacé dans son esprit les principes qu'il y avait détruits.

Se pouvait-il, en effet, que, faisant dépendre de la connaissance toute sa doctrine, il n'en vînt point à s'interroger sur l'essence même de la connaissance? Qu'est-ce que savoir? disait-il. Rattacher un fait à un autre fait. Rien de plus. De ce fait établi quelle a été la première origine. quelle sera la conséquence dernière? L'intelligence humaine ne peut concevoir ni le commencement ni la fin de rien. Parler de causes, de lois, de but, dans l'organisation et le développement du monde, représenter l'univers, l'humanité, l'idéal comme des entités, c'est se payer de mots. La vie n'existe pas; il n'y a que des êtres vivants. Ne demandez donc pas à la raison de pénétrer au delà des faits. Les faits, au surplus, n'offrent-ils pas à la curiosité de l'homme un assez vaste champ? Avoir ouvert ce champ était ce qui constituait à ses yeux la grandeur de Hegel. « Hegel, écrivait-il dans une page pleine de verve, Hegel nous a enseigné le respect et l'intelligence des faits. Par lui nous savons que ce qui est a le droit d'être.... De là une puissante méthode d'étude et de critique.... Nous ne transformons plus le monde à notre image; au contraire, nous nous laissons modifier et façonner par lui.... Pour le savant moderne, tout est vrai, tout est bien à sa place; la place de chaque chose crée sa vérité. L'édifice du monde ancien reposait sur la foi à l'absolu. Religion, morale. littérature, tout portait l'empreinte de l'absolu. On ne connaissait que deux causes : celle de Dieu et celle du démon; deux camps parmi les hommes : les bons et les méchants; deux places dans l'éternité : la droite et la gauche du juge. L'erreur était toute ici, la vérité toute là. Aujourd'hui rien n'est plus pour nous vérité ou erreur. Nous ne connaissons plus la religion, mais des religions; la morale, mais des mœurs; les principes, mais des faits. Et par là même quelle merveilleuse entente de l'histoire! Que le passé revit bien sous nos yeux! La filiation des peuples, la marche des civilisations, le caractère des temps, le génie des langues, le sens des mythologies, l'inspiration des poésies nationales, l'essence des religions sont autant de révélations dues à la science moderne... Comme est notre science, ainsi est notre esthétique. Elle aime mieux contempler que juger, étudier qu'apprécier, ou, si elle apprécie, c'est en laissant parler et se dérouler le sens intime d'une œuvre. Elle a renoncé au stérile procédé qui consiste à opposer une forme du beau à une autre, à préférer, à exclure. Elle supporte tout. Elle est vaste comme le monde, tolérante comme la nature.... Explication du passé, cette règle du jugement contient en même temps le secret de l'avenir. C'est l'ordre, c'est l'essence même des choses qu'une vérité n'est complète qu'autant qu'on y fait entrer son contraire; qu'une assertion n'est pas plus vraie qu'une assertion opposée et aboutit toujours à une contradiction pour s'élever ensuite à une conciliation supérieure; que la chose du moment, le fait de l'heure présente, n'a qu'une réalité fugitive, une réalité qui consiste dans sa disparition aussi bien que dans son apparition, une réalité qui se produit pour être niée aussitôt qu'affirmée. Ce n'est donc plus assez de dire : tout n'est que relatif; il faut ajouter : tout n'est que relation. Rien n'existe; l'existence est un simple devoir. Le vrai n'est pas vrai en soi; il n'y a point de vérité définitive; il n'y a que des vérités qui se préparent en se détruisant. Ainsi la science porte en soi sa critique. La classification rationnelle des systèmes est leur succession, et le seul jugement équitable et utile qu'on puisse prononcer sur eux est celui qu'ils prononcent sur eux-mêmes en se transformant. »

Dans cette conception du monde et de la vie, que devenait la foi à laquelle Scherer s'était, à vingt ans, donné de toute son âme, pour laquelle il avait combattu, pleuré, souffert? Il ne se refusait pas plus à répondre à cette question qu'à toutes celles dont il avait cherché la solution. Le christianisme restait, dans sa pensée, la religion parfaite : il n'était plus la vérité absolue. C'était un fait considérable dans l'histoire, mais un fait. Fruit d'une longue élaboration de la conscience humaine, destiné à préparer les élaborations ultérieures, il ne représentait qu'une des phases de l'universelle transformation.

Du dogme théologique la doctrine de Scherer s'étendait à l'orthodoxie philosophique. L'homme est-il composé de deux principes différents et séparables, l'un matériel et fait pour rentrer dans le néant, l'autre spirituel et survivant à la dissociation? L'homme est-il libre d'une liberté réelle, toujours et partout égale à elle-même, base de la responsabilité et condition de la moralité? La morale a-t-elle ses lois immuables, ses règles communes, sa sanction surnaturelle? Pures illusions. La dualité de l'âme et du corps n'est autre chose que l'illusion du sujet pensant, lequel, par cela seul qu'il se pense, se reconnaît comme principe immatériel. Le libre arbitre n'est autre chose que l'illusion d'un être qui a conscience de soi, mais qui ne saurait remonter par delà sa propre origine et avoir conscience des causes qui ont concouru à déterminer sa personnalité. La règle morale n'est autre chose que l'illusion des produits complexes de l'habitude et de l'éducation. Sur tous ces points, Scherer s'était résolu. Il ne concluait pas absolument que les croyances à la spiritualité, à la liberté, à la responsabilité morale, fussent des erreurs. Il les tenait pour des vérités capitales, mais relatives, transitoires, pour des croyances dont l'humanité n'avait pu et ne pouvait encore se passer, mais qui n'exprimaient que la pensée d'un temps, d'un peuple, de l'individu. Il admirait et se félicitait que les objections de la science vinssent s'émousser contre un instinct plus puissant que tous les raisonnements. Mais comment ne pas admirer aussi cette force de la conscience qui parvenait à sortir de soi pour s'analyser, à toucher la cause de ses illusions, à rectifier ses propres jugements?

Quand Scherer aboutissait à ces déclarations, il y avait six mois qu'il n'était plus à Genève. De 1855 à 1859, il avait continué ses cours, mais en prenant exclusivement pour sujet les épîtres du Nouveau Testament les mieux appropriées soit au développement de la vie intérieure, soit simplement à l'étude des textes. C'était le dernier effort de sa science théologique, et d'une science à laquelle n'était plus intéressée sa foi. Avant de partir, il avait réuni, sous le nom de *Mélanges de critique religieuse*, ses principaux articles, ceux où nous avons puisé la plupart des éléments de cette histoire. Quelque soin qu'il eût pris d'introduire dans ce recueil un peu d'harmonie, il n'ignorait pas qu'il y subsistait bien des contradictions. Quant aux changements d'opinion qui en formaient le fond, il ne cherchait pas à s'en défendre. « Je sens trop vivement moi-même, disait-il, combien ce volume renferme de manières de dire et de penser qui me sont à peu près devenues étrangères : toute la question est de savoir si ces changements sont le fait d'un développement et constituent un progrès. » Tel qu'il le présentait, le livre mettait le sceau à une période de sa vie définitivement close. Le jour même où paraissaient les *Mélanges* (18 octobre 1860), il s'éloignait de Genève pour n'y plus revenir qu'en voyageur. Le souvenir lui restait, ineffaçable et profond, de l'hospitalité qu'il y avait reçue, des satisfactions intimes qu'il avait dues à son enseignement, des amitiés que les ardeurs de la polémique laissaient intactes. Mais la rupture avec le passé était irrévocablement consommée.

## VI

En essayant de faire revivre dans ce portrait de Scherer l'image aujourd'hui si effacée de la première moitié de sa vie, ai-je simplement cédé au charme d'une sorte d'inconnu, et me trompé-je? Je ne sais rien de plus attachant que cette lutte prolongée, tenace, mêlée de joies et de douleurs, d'un esprit sincère aux prises avec lui-même, — rien de plus émouvant que cette succession de drames intérieurs dont le tableau évoque l'idée d'un Pascal moderne, d'un Pascal à rebours, qui met à s'arracher du cœur la foi de sa jeunesse autant de conscience et de passion froide que l'autre mettait d'ardeur fiévreuse et de raisonnement désespéré à la retenir au fond de son âme et à l'y enraciner. Mais ces détails étaient surtout indispensables pour retrouver et faire saisir dans l'opposition des diverses parties de l'œuvre de Scherer l'unité profonde de sa pensée et de ses sentiments. Au sujet de Mme Swetchine, il écrivait : « Une conversion est un moment décisif dans la vie et par là même l'explication de tout ce qui suit, quelquefois même de tout ce qui précède. » Cette explication ne s'applique à personne mieux qu'à lui-même. A ne voir les choses que du dehors, quelle contradiction plus étrange que cette évolution psychologique qui, partie de la foi la plus exaltée, aboutit au scepticisme le plus résolu! D'une part, quelle dévotion confiante et douce; de l'autre, quelle fermeté, quelle raideur, quelle intraitable décision de critique! Quels transports d'imagination et quelle assurance de raisonnement! Quelle délicatesse de sensibilité exquise et quelle vigueur d'intelligence altière! Considérés de plus près et dans leurs rapports, ces contrastes, chez Scherer, s'expliquent et apparaissent comme procédant du même fonds de logique qui est le trait fondamental de son esprit.

C'est l'idée de l'absolu qui avait dirigé et dominé sa première éducation. J'ai failli, disait-il, en être martyr. Chose singulière! A quinze ans, il se déclarait incroyant et irréligieux, non par insouciance ou emportement de jeunesse, mais après élimination réfléchie, autant qu'elle pouvait l'être à cet âge, des systèmes qui ont gouverné le monde. Son premier acte de science théologique, sa thèse de baccalauréat, était une histoire des théories de la liberté morale; et s'il concluait à la nécessité de la prédestination, il avait commencé par poser le problème du libre arbitre en des termes si francs, que plus tard, il ne devait presque avoir qu'à les reprendre pour aboutir au déterminisme. Quand il décrivait à ses élèves de l'Oratoire les dangers de la critique, il semblait, disaient ses adversaires, que la critique n'eût qu'à lui faire faire un pas de plus pour l'entraîner aux abîmes. En ouvrant le *Journal d'un Égotiste,* il se demandait où ces confessions le mèneraient et il ne l'ignorait pas. « On professe l'intention de s'humilier en se révélant à soi-même; en réalité on risque fort la plupart du temps de pousser l'examen jusqu'à l'analyse, l'analyse jusqu'à la subtilité, la subtilité jusqu'à l'incertitude universelle : à force de lumière, on n'y voit plus clair. » Mais, pour lui être nettement sensible, le péril ne l'effrayait point. Au fond, qu'est-ce que l'égotisme? Une forme d'égoïsme, c'est-à-dire une satisfaction que s'offre la vanité. « Le meilleur moyen de décourager le moi, c'est de ne s'en point occuper, de lui donner le change par toutes sortes d'excursions aventureuses, de décentraliser une bonne fois ce gouvernement jaloux. De cette manière, concluait-il avec esprit, le *Journal d'un Égotiste* ne méritera son titre qu'indirectement, comme *lucus à non lucendo.* » Toutes les objections tombaient devant la résolution qu'il s'était faite de n'en point tenir compte. Il prenait en pitié les controverses théologiques « dont la fin dernière est de concentrer sur un détail les forces de l'esprit et de l'aveugler comme la pointe d'épingle qui, à force d'être rapprochée de l'œil, lui cache le soleil ». A son sens, la seule attitude digne de l'homme était le regard levé vers le ciel avec tranquillité. Il acceptait le mystère comme une condition de la croyance : les choses éternelles ne sont-elles pas à demi plongées dans l'ombre de l'infini? Scherer se sentait à l'aise au sein de ces ténèbres lumineuses. Il appartenait à sa foi. Comme il s'y était engagé, il y restait.

La crise venue, après que l'absolu avait cessé d'étreindre sa pensée, ou plutôt, suivant son expression, après que, dans son esprit, l'absolu s'était dévoré lui-même, il avait saisi le relatif avec la même ardeur de passion. Dans l'absolu, c'était le vrai qu'il poursuivait, le vrai dont il avait soif. Le fait lui avait apparu dans sa vérité relative, et il était arrivé à ne plus voir que le côté relatif des choses : le bien dans le mal, le mal dans le bien, de simples formules dans les dogmes, des images dans les notions fondamentales de la religion. A cette philosophie il avait tout sacrifié aussi décidément qu'il sacrifiait naguère tout à sa foi. Principes, opinions, connaissances, il n'était rien qu'il ne fût prêt à jeter dans le torrent des choses contingentes qui roule et emporte l'humanité. En vain alléguait-on le bonheur de croire, la beauté de la foi, les vertus des fidèles : la vertu, la beauté, la félicité ne sont pas la vérité. Il n'y a de bien que dans la vérité[1]. Comme autrefois il entendait une voix

1. De ce sentiment je trouve un témoignage très vif dans une lettre intime, datée du 31 décembre 1859, alors qu'il « n'avait pas encore franchi le Rubicon. » ... E. N. que vous connaissez de nom, écrit-il, nous a donné ce mois-ci sept conférences sur la vie à venir. Il a eu constamment un magnifique auditoire de huit cents personnes, tous hommes, de toutes les classes de la société. Le sujet n'a pas été traité très méthodiquement. Il y a eu une leçon contre le matérialisme, des attaques contre Renan et contre la critique, peu de chose sur la vie à venir. Au total, cet enseignement a été une prédication évangélique, appel très

qui lui criait : « Marche ! Marche ! » Et il marchait droit devant lui, inflexiblement, dût-il, au bout, ne trouver rien.

L'idée religieuse et l'obligation morale menaçaient jadis « d'incendier » son esprit ; il avait éteint cette fièvre dévorante. « Il en est de l'amour de Dieu comme des autres amours. L'ardeur s'en calme avec l'âge. Le plus beau feu du monde n'est jamais à la fin qu'un tas de cen-

sérieux et très animé. N. a fait preuve d'un véritable talent Malheureusement, il n'y a pas eu, dans tout ce cours, un mot de ce dont j'avais soif, une discussion sincère, la recherche franche du vrai sur une question si grave, et l'on n'a pas senti vibrer une seule fois la voix d'un homme qui a douté, qui doute encore, qui sent les difficultés, qui combat, et qui est prêt à accueillir et à examiner toutes les raisons qui lui sont présentées. C'est vous dire que ce cours ne peut avoir une grande utilité ... que pour les gens déjà convaincus. N'y a-t-il donc rien à dire aux autres ? Suffit-il de chercher à effrayer les hommes, fût-ce par le tableau des conséquences morales de leur incrédulité ? Non, cela n'est pas assez, cela n'est pas humain, cela n'est pas vrai. Mais il y a deux manières d'envisager la vérité. Les uns ont foi au vrai et, sûrs que le vrai ne peut être qu'identique avec le bien, ils s'attachent avant tout à ce qui se recommande à leur esprit et à ce qui revêt pour eux le caractère de la certitude. Le bon, l'utile viendra après certainement, mais de soi-même. Les autres, au contraire, — et N. est de ceux-là — prennent l'utile pour le critère du vrai et se refusent à admettre comme vrai aucun fait, aucune opinion qui leur paraît mettre en péril les objets de leur vénération traditionnelle. Il est clair que cette méthode part d'un manque de foi. »

dres refroidies. » Ah ! sans doute, il ne méconnaissait pas les vertus de la morale traditionnelle, de celle qui, prenant en Dieu son point d'appui, s'impose à tous et permet de dire à chacun : tu dois, il faut. Il confessait que l'humanité a besoin de l'au delà, que le devoir n'est rien s'il n'est sublime et n'implique des relations éternelles. Il s'expliquait qu'Amiel « s'y cramponnât comme à la planche du salut »; il comprenait « que, placée entre la résignation chrétienne qui dit : ta volonté soit faite ! et l'idée spinosiste pour laquelle le Père Céleste n'est que l'appellation théologique du destin, cette âme, amoureuse de symboles, se rattachât, comme elle pouvait, à ce qui la flattait dans ses faiblesses. » Mais il ne saurait, comme son ami, trouver l'apaisement à ce prix. Il n'admettait pas que les opinions fussent arbitraires et que chacun fût libre de croire ce qu'il voulait. L'homme est-il le maître de sa nature, de son éducation, des combinaisons que font dans son esprit l'éducation et la nature, de la fatalité qui, comme l'a dit Montaigne, « nous masche? » Pouvait-il faire que les progrès de la psychologie et de la physiologie n'eussent modifié profondément tous les phénomènes de conscience? Pouvait-il empêcher que la science rouvrît incessamment les questions qui semblaient closes, en posât qui n'étaient point connues, n'admît à ses investigations aucune borne, ne reconnût aucun droit au-dessus de ses propres droits? « Vivre, c'est se développer, et se développer, qu'est-ce donc, sinon suivre le mouvement de sa pensée? L'esprit humain lui-même a changé. La précision des méthodes, la rigueur de la dialectique, l'exercice du raisonnement en ont fait un instrument nouveau. Les vieilles solutions sont comme une ancre émoussée qui ne mord plus sur le sol de l'âme. La science n'est plus seulement une somme de connaissances ; c'est avant tout l'esprit scientifique, la recherche. Recherche vaine trop souvent; soit. Mais la poursuite du vrai n'est-elle pas aussi bénie que sa possession? » Tristes consciences que celles qui ne savent pas donner à leur pensée le quart d'heure de tête à tête nécessaire pour se sentir vraiment chez soi! Quant à lui, disciple de Spinoza et de Hegel, il va où la vérité le mène. La vérité a des droits absolus. Il faut qu'il sache, qu'il voie, qu'il se mette au clair sur tout, voire sur les obscurités et les limites de l'intelligence humaine. Il a pris pour règle la maxime d'Emerson : « Exprime nettement aujourd'hui ce que tu penses aujourd'hui; demain tu diras ce que tu penseras demain. »

Lamennais supposait que l'humanité, après avoir conquis par la science de vastes espaces, se retrouverait finalement devant l'infini et le mystère. Scherer n'a jamais eu ces visions d'une renaissance de la foi. Il s'arrête au fait, à l'observation et à l'intelligence du fait. « Pourquoi y a-t-il quelque chose? Au fond c'est le seul problème.... L'univers existe. Il est ce qu'il est. Nous ne pouvons pas plus nous en donner la raison que nous ne pouvons nous regarder passer par la fenêtre ou sauter hors de notre ombre. Quand les enfants demandent *pourquoi*, on est la plupart du temps obligé de leur répondre *parce que*.... Vous voudriez savoir pourquoi est l'homme: savez-vous pourquoi est la mouche qui tourmente l'homme, l'araignée qui mange la mouche, la guêpe qui tue l'araignée?

Tes *pourquoi*, dit le Dieu, ne finiraient jamais.

« Un peu plus tôt, un peu plus tard dans la suite de nos recherches, il faut bien arriver là. Le théologien lui-même n'en agit pas autrement : il remonte jusqu'à Dieu, mais il ne l'explique pas; au contraire, il lui assigne ce rôle de tout expliquer sans être lui-même explicable. Eh bien alors, qui est-ce qui nous empêche de nous tenir tout simplement au mystère de l'existence des choses? Contentons-nous d'étudier le fait avec docilité, sûrs qu'il peut toujours, en définitive, établir non seulement sa souveraineté, mais par là même aussi son droit, sa logique, sa raison. »

Prevost-Paradol, parlant de la variété des opinions sur Dieu, l'homme et l'univers, comparait avec une élégante réserve ces voies diverses à des sentiers tracés dans une sorte de grand parc qu'enferme de toutes parts un mur infranchissable. « Les uns vont droit au mur et s'y brisent; d'autres s'en écartent un peu, mais ne tardent guère à l'atteindre; d'autres enfin font mille circuits, se perdent sous de beaux ombrages, s'élèvent, redescendent et évitent avec tant de soin ce mur fatal qu'on s'imaginerait l'avoir franchi; mais il apparaît tout à coup à chaque détour du chemin et nous remplit d'impatience contre nous-mêmes et contre le guide trop habile qui nous a bercés d'une vaine espérance : nous envions alors ceux qui, ne cherchant aucun sentier et paisibles à leur place, ne voient pas même l'obstacle qui nous arrête, tandis qu'ils contemplent avec calme, bien au delà, des régions pleines de paix et de lumière. » Scherer reprend l'image avec une précision qui ne recule pas devant la sécheresse. « L'homme après avoir été longtemps un indiscret qui veut voir par-dessus le mur ne se demande plus même s'il y a quelque chose de l'autre côté de ce mur ; car les questions qui ne sont pas susceptibles de solution n'ont pas le droit de se poser. »

Ses derniers livres d'extraits sont pleins de notes sur Darwin. *Introite, nam et hic Dii sunt.* La doctrine de l'évolution a exercé sur sa pensée une action profonde. Il y trouvait expliquées ses idées sur l'universelle relativité. C'était sa religion nouvelle. Il s'y reposait et s'efforçait d'en jouir. « Eh quoi! le néant est-il le dernier mot des choses? Amants passionnés de la vérité, qui l'avez poursuivie avec tant d'ardeur, artistes qui vous êtes efforcés de saisir l'insaisissable beauté, hommes du monde qui avez cherché le bonheur dans l'éclat et la tendresse : est-ce dans ce soupir que vous vous réunissez à la fin? Et osez-vous bien nous encourager à une lutte qui doit être récompensée d'une si pâle couronne? Et pourquoi non? S'il y a quelque grandeur dans le roseau qui sent sa faiblesse, n'y en a-t-il aucune dans la vanité qui se comprend? Quelqu'un a-t-il jamais savouré sans une secrète joie l'amertume qu'on éprouve à aller jusqu'au fond des choses? L'illusion qui se connaît est-elle une illusion? Ne triomphe-t-elle pas en quelque sorte d'elle-même? N'atteint-elle pas à la souveraine réalité, celle de la pensée qui se pense, celle du rêve qui se sait rêve, celle du néant qui cesse de l'être pour se reconnaître et s'affirmer? »

Scherer en avait-il si complètement pris son parti? Joie amère, dit-il. Et en effet, par un autre genre de fidélité à lui-même, sous l'impitoyable logicien subsistait le mystique, sous l'homme de raisonnement à outrance, l'homme de sentiment en qui l'étude et la réflexion n'ont jamais desséché les sources fraîches. Son cœur ne s'était pas détaché aussi aisément que son intelligence de l'idéal qu'il avait tenu si étroitement embrassé. Les difficultés auxquelles s'étaient heurtés les premiers efforts de sa libre recherche n'avaient fait d'abord qu'exciter sa pieuse ferveur. C'est plein de confiance dans son œuvre rénovatrice qu'en 1849 il s'était séparé de l'Oratoire. « Mes sentiments actuels ne sont pas chez moi à l'état de doutes pénibles, mais de convictions joyeuses, s'écriait-il». Il ne rêvait alors rien moins qu'une croisade de la foi restaurée par un christianisme intérieur. « Le protestantisme ne peut rester le système bâtard qu'il est: il faut qu'il marche ou qu'il recule. Notre génération sent qu'elle n'est point dans le vrai; elle a besoin de liquider ses croyances, elle aspire à une vie à la fois plus intelligente et plus religieuse. » Cette vie, il se flattait de la lui donner ou de l'aider à la conquérir.

Mais au fur et à mesure que dans son esprit ouvert à toutes les entreprises de l'examen, le doute appelait et confirmait le doute, la tristesse l'envahissait. Sans s'arrêter ni faiblir, ne pouvant admettre d'autre règle de sa créance, selon le mot de Pascal, que le consentement de soi-même à soi-même, il éprouvait le besoin de s'encourager dans « ce noble, mais pénible labeur ». N'était-ce pas la condition du progrès qu'il ne s'achetât qu'au prix du sacrifice? Et Vinet, le doux Vinet, n'avait-il pas écrit le premier : c'est de révolte en révolte que les sociétés se perfectionnent, que la civilisation s'établit, que la justice règne, que la vérité fleurit? Cependant, plus il avançait vers cette terre promise, plus il reconnaissait « que l'Église, la société, la civilisation tout entière, reposaient encore sur des croyances qui n'étaient plus les siennes; » et alors il se sentait isolé, isolé comme un débris que la mer, en se retirant, aurait laissé sur le rivage. Il enviait ceux qui pouvaient « répéter le *Te Deum laudamus*, cet hymne magnifique au Christ, au Dieu des chrétiens, dans lequel les fidèles s'associent au chœur des Apôtres, au collège des Prophètes, à l'armée des martyrs. à l'Église universelle sur la terre. » Même au moment où les idées de Hegel enivraient son intelligence, il ne pouvait considérer « ce monde ancien que la critique moderne avait fait crouler, tant d'esprits désorientés, tant d'obscurités et de deuils dans les cœurs, la fin de tant de choses fortes, » sans se rappeler ce cri qui jadis, retentissant sur les mers, avait annoncé aux hommes éperdus que le grand Pan était mort; et il ajoutait mélancoliquement : qui le ressuscitera? Le jour enfin où il obéissait à l'inéluctable nécessité, sa sincérité ne cachait rien de l'émotion profonde qu'il en ressentait : « Non, je ne suis pas fait, concluait-il, pour une époque de transformation universelle comme la nôtre; mes sympathies sont pour le passé; et cependant, je le sens, il y a dans les choses humaines une certaine pente qu'on ne remonte point. Ainsi je me vois entraîné par les convictions de mon esprit vers un avenir qui ne m'inspire ni intérêt, ni confiance. »

Si avec le temps ces convictions nouvelles devaient s'affermir, plus d'une fois encore il se reprendra à ses sympathies pour le passé. Sa philosophie ne le possédait pas tout entier. Le plus grand croyant a ses heures de doute: pourquoi le penseur le plus tendu n'aurait-il pas ses heures de relâche? « Nul ne secoue jamais complètement sa nature, son éducation, son histoire. L'homme en avançant dans la vie dépasse chacun des degrés de son développement antérieur. Mais il n'en est pas moins ce que ces évolutions ont fait de lui. Ce n'est pas en vain que l'on a été, dans les profondeurs de sa conscience, soumis à la discipline d'une règle absolue; ce n'est pas en vain qu'on a entrevu, ne fût-ce qu'un instant, un idéal de pureté, de résignation et de dévouement: si tout cela était vain, quelles seraient alors les réalités de la vie? » Les réalités de cette vie où il a laissé « le meilleur de soi » se représentent sans cesse à son esprit. Défenseur irréconciliable des droits de la science, s'il entend que le christianisme ne puisse pas plus qu'aucune autre croyance échapper aux conditions du développement des connaissances humaines, s'il soutient que, reposant sur des textes en langues étrangères qu'il faut traduire, sur des faits transmis par des historiens qu'il faut vérifier, sur des propositions dogmatiques auxquelles il est impossible de ne pas appliquer les lois de la pensée et les instincts de la conscience, la foi ne peut se défendre qu'en se justifiant, ce n'est jamais sans un serrement de cœur qu'il considère ce que la réflexion a produit en lui d'irrémédiables ravages. « Hélas! on ne fait pas impunément de l'exégèse. Dès qu'on en est venu à s'interroger sur certaines questions, c'en est fait des abandons de la jeunesse.... Ainsi arrive-t-il que le dissolvant le plus actif de la croyance est l'étude la plus légitime en apparence, la plus innocente, la plus nécessaire, celle des livres bibliques et celle des faits évangéliques. On s'y mettait sans arrière-pensée et peu à peu tout se transformait aux yeux du chercheur consciencieux. Combien n'en ai-je pas connus qui, cédant à l'évidence, voyaient douloureusement disparaître des articles de foi auxquels ils tenaient plus qu'à leur vie, mais auxquels ils avaient le courage de préférer le vrai? »

Cette douleur, c'est celle de ses amis, d'Amiel notamment, de tous ceux en qui il a vu « la foi s'émietter, s'écrouler, rongée par l'évidence des faits que leur révélait la science. » C'est aussi la sienne, et, comme il l'éprouve, il l'exprime. « La mère de Sismondi, raconte-t-il, recommandait à son fils de ne pas attaquer sans utilité les opinions sur lesquelles les hommes fondent leur bonheur,... la piété surtout qui est une des affections de l'âme les plus indispensables à son repos, qu'on doit avoir dans toutes les religions, excepté dans celles où, à force d'élaguer les rameaux auxquels nos sens atteignent, à force de spiritualiser, on tombe dans les idées abstraites et un vague désolant. » Et il ajoute : « On me permettra de croire que je ne suis pas suspect, si je dis : voilà qui est bien, voilà qui est vrai, voilà ce que nous avons besoin de nous dire quelquefois, nous tous à qui il arrive si facilement de confondre l'erreur avec le mal, et de porter atteinte dans les âmes à ce qui fait leur force, plus que cela, leur beauté! Hélas! pionniers aveugles et travaillant au renouveau du passé, nous faisons une œuvre que nous ne connaissons pas. Nous cédons à une puissance dont il semble parfois que nous soyons les victimes aussi bien que les instruments. La terrible dialectique dont nous chiffrons les formules nous broie en même temps que nous broyons les autres. C'est l'avenir sans doute, c'est l'assainissement des sociétés, c'est l'idéal, qui se réalisent ainsi par des forces inconscientes. Nous avons besoin de le croire. Malheur à nous, si nous doutions! Et néanmoins quand la lutte s'arrête un moment, quand le penseur redevient homme, quand il regarde en arrière, quand il écoute les gémissements qu'il a arrachés : oh! qu'il trouve alors son sentier rude et sauvage et qu'il donnerait volontiers la jouissance de sa conquête pour l'une de ces douces fleurs de piété et de poésie qui embaument encore le sentier des humbles! » Il est vrai que quelques lignes plus loin, après avoir cité un passage d'une lettre où Sismondi se demande si sa mère qu'il a perdue est quelque part encore veillant sur lui et s'écrie : « que je voudrais le croire, c'est-à-dire le comprendre! », il s'écriera à son tour: «Eh bien! pour le comprendre, il fallait commencer par le croire, et pour le croire, il fallait..., il fallait ne pas chercher à comprendre.

Étrange contradiction !... » Dès qu'il sent fondre son cœur, il le raffermit. Il se raidit par fierté d'intelligence. Il ne veut pas que le sentiment rentre en maître. Mais il n'a pu l'empêcher de se produire et de se satisfaire. Ailleurs son angoisse se trahit par un cri de familier dépit qui lui échappe. « J'écrivais il y a plus de vingt-cinq ans : le surnaturel est la sphère de l'âme, et je ne vois pas de raison pour changer d'idée; la seule chose que j'y ajouterais aujourd'hui serait cette réflexion qu'on peut réclamer l'absolu sans être sûr pour cela de l'obtenir. L'enfant aussi demande la lune dont il a vu l'image dans un puits. » Chaque fois qu'aux rêves de sa jeunesse il oppose le fruit de l'expérience, l'amertume lui monte aux lèvres. Amertume, angoisse, rongement, il est peu de mots qui se retrouvent aussi souvent sous sa plume. Pascal n'a pas décrit avec plus de tremblement les premiers frissons du doute. Ne croit-on pas lire un verset de l'*Enfer* de Dante, lorsqu'il dépeint l'âpre satisfaction qu'éprouvent les désabusés à voir sur d'autres lèvres le calice de la vie épuisé et brisé, lorsqu'il parle des mornes sommets où se retrouvent ceux qui ont eu la témérité de se pencher sur l'abîme et d'interroger le silence des espaces infinis? Scherer a de superbes éclaircies de sérénité. Mais le fond de son âme reste troublé. Il n'est jamais si triste que lorsqu'il exalte les joies du désenchantement. Il a pleinement accepté les conséquences de sa transformation; mais il n'en triomphe point. Tandis qu'il marche la tête haute, la blessure saigne à son flanc. Si rien ne saurait lui arracher de l'âme les convictions qu'il s'est faites, il n'y veut rien non plus laisser entrer que de solide et de grave. Le persiflage des libertins lui était odieux. On ne parle pas de Dieu après boire, disait-il. Le bel esprit même, en ces matières, le froissait. Il était prêt à s'engager le front découvert dans toutes les controverses; il ne souffrait pas qu'on s'y présentât le sourire aux lèvres et comme en se jouant.

Un jour Bersot nous avait réunis avec lui, Prevost-Paradol et moi, à Versailles, dans son ermitage de la rue de la Chancellerie. Après le déjeuner, l'entretien s'était prolongé, très franc et très gai. Prevost-Paradol y jetait sans compter les fusées primesautières de son éblouissant esprit; Bersot, les malices réfléchies de son aimable ironie. Scherer s'était constitué le juge du camp, et il suivait, il aiguillonnait la causerie avec beaucoup de belle humeur et d'entrain. Une discussion s'étant engagée sur la part qu'il convient de faire à la philosophie dans l'éducation du peuple, Bersot eut l'idée de nous lire un passage d'une lettre qu'il venait de recevoir de M. Charles de Rémusat, et qui touchait à ce sujet. « J'applaudis à la sincérité dont vous faites profession, écrivait M. de Rémusat; mais si la philosophie ne doit pas prendre de masque, elle peut porter un voile. Quelle en doit être l'épaisseur ou la transparence, voilà la question qui souvent m'inquiète. Je vois comme les hommes sont faits, leurs faiblesses, leurs préjugés, leurs inconséquences, et je suis porté à faire des concessions. Cela n'est pas très philosophique, mais je me rassure un peu en pensant que cette réserve ou cette habileté est autorisée par de grands exemples. Le plus grand de nos maîtres ne s'est-il pas maintenu dans une sorte de demi-jour entre la vérité absolue et l'opinion populaire? Et même après que cette prudence ne l'avait pas sauvé, il recommandait encore le sacrifice du coq à Esculape. » Par un rapprochement naturel, cette lettre rappela à un d'entre nous le jugement de M. Guizot sur l'abbé de Lamennais :

«.... M. de Lamennais, ce malfaiteur intellectuel. » — « Malfaiteur, malfaiteur, répéta Scherer en bondissant ! M. Guizot ne sait pas ce qu'il en coûte »! Et brusquement il se retira. Le mot, qu'il ne connaissait pas, l'avait mordu au cœur[1].

Jamais homme n'a eu moins le goût de la propagande, par orgueil peut-être d'abord et exaltation du sens propre, sans aucun doute aussi par égard pour les croyances ou les idées d'autrui. Il était très curieux de savoir où vous en étiez, nullement jaloux de vous amener où il en était lui-même. A côté de lui sa femme avait conservé une foi intacte; son foyer était resté un foyer chrétien. Mais autant il tenait pour méprisable l'incrédulité qui n'était qu'un libertinage, autant, lorsqu'elle avait le caractère d'une conviction réfléchie, il en réclamait le respect. Il pensait avec Lacordaire « que celui qui fait bon marché des sentiments d'un homme, d'un homme sincère, celui-là est un pharisien, la seule race d'hommes qui ait été maudite par Jésus-Christ. »

Cette profonde délicatesse de conscience l'élevait dans la discussion à un rare degré d'impar-

1. Voir le jugement complet de M. Guizot dans les *Mémoires*, t. III, p. 82-83. Cf. les *Méditations sur la religion chrétienne*, p. 13-18.

tialité. Il n'était point de ceux qui décident que la foi n'est plus de ce monde, parce que la foi les a abandonnés. « La foi est comme la poésie, écrivait-il avec grâce : elle trouve toujours où enfoncer ses racines; elle renaît de ses cendres; elle vivra aussi longtemps que l'âme humaine. » Il avait trop pratiqué le christianisme pour ne pas le bien connaître; il ne connaissait pas moins l'antiquité païenne, dont il avait plus d'une fois repris l'étude avec ardeur. Il n'ignorait rien surtout du mouvement des idées philosophiques qui avait précédé l'avènement du Christ. Or il n'admettait pas que la religion chrétienne ne fût qu'une expression prolongée et perfectionnée de la religion grecque. Pour lui, entre l'humanité d'avant et l'humanité d'après le sermon sur la montagne avait creusé un abîme. L'idée de la sainteté s'était alors substituée à l'idée de la beauté. Le christianisme, en un mot, avait fondé le spiritualisme, un spiritualisme passionné: c'était là sa grandeur et sa force; c'est par là qu'il avait sauvé le monde. « Bel avantage, disait-on, si plus tard il a engendré l'ascétisme avec ses étroitesses et ses violences! » A quoi il répondait que ces manières de voir et ce langage, propres à la polémique, ne convenaient ni à l'historien ni au philosophe; que chaque chose devait être prise à sa place et à sa date; qu'en substituant les troubles de la lutte à la sereine harmonie de la sagesse hellénique, la spiritualité chrétienne avait enrichi, fortifié, discipliné la nature humaine, forcée de rentrer en elle-même et de se replier. « Non, ce n'est pas en vain que les saint Paul, les saint Augustin, les Luther, un saint Cyran, un Arnaud, un Pascal, et aujourd'hui encore plusieurs de nos semblables, ne sachant prendre leur parti des souillures et des bassesses du monde, mais affamés d'idéal, altérés de sainteté, se frappent la poitrine avec larmes et implorent le pardon du Crucifié! Ils représentent quelque chose. C'est dans des cœurs tels que les leurs que s'est consommée une crise de l'histoire de l'humanité dont le penseur ne saurait méconnaître l'importance, car cette crise a été un moment capital de l'évolution universelle. »

Ce bienfait du christianisme, Scherer ne le relevait pas seulement dans l'histoire des grandes doctrines et des grandes âmes; il le retrouvait dans les manifestations de la conscience la plus obscure. « Si, pris comme orthodoxie stricte et rigoureuse tradition, considéré dans sa nature divine et surnaturelle, le christianisme est la propriété de l'Église, dans son essence intime il est avant tout humain. Et de là vient qu'il est éternel, qu'il est vrai. » En aucun temps Scherer n'a rabaissé la philosophie de l'Évangile. Jamais il n'insulta ce qu'il avait adoré. « On n'est point sorti du Christianisme, pour être sorti des Églises. Est-ce avoir rompu avec lui que de vouloir en saisir le vrai caractère, que de lui conserver un tendre intérêt, que de s'y sentir sans cesse ramené comme au plus fécond sujet de recherche et de pensée? » A ne parler qu'au nom de l'histoire, Jésus, à ses yeux, « représentait en tout l'unique ». Il ne permettait pas que l'on profanât par des comparaisons déplacées les « souvenirs augustes » de l'entrée à Jérusalem. Même alors que depuis longtemps il avait cessé de s'en nourrir, la Bible était demeurée pour lui un livre sublime.

## VII

Ce grand effort de travail, de sincérité et de talent appartenait désormais à la critique littéraire. Peu de temps après avoir quitté Genève, Scherer, comme pour mieux consommer son affranchissement, avait fait don à diverses bibliothèques et à des amis de sa collection d'ouvrages théologiques. Lorsqu'en 1886, le ministère de l'instruction publique fonda à l'école des hautes études une section des sciences religieuses, la direction lui en fut offerte. Il la déclina : il n'appartenait plus à la théologie que par ses souvenirs. Il n'avait jamais cessé d'ailleurs de donner une large part de ses loisirs à la littérature. Le *Semeur* contient de lui un certain nombre d'articles sur Saint-Marc Girardin, Augustin Thierry, l'abbé Bautain, V. de Laprade, Alfred

Nettement, Patin, de Falloux, Albert de Broglie. Si les *Mélanges de critique religieuse* étaient surtout des travaux de controverse philosophique et de psychologie intime, divers morceaux y avaient été réunis, sur Joseph de Maistre et Lamennais, sur le P. Gratry et Veuillot, sur M. Taine et sur M. Renan, sur Ary Scheffer, qui témoignaient d'une grande richesse d'aptitudes. La *Revue des Deux Mondes* était venue la première au-devant de l'écrivain qui, à part tout autre éclat, s'annonçait si brillamment. « Une bonne appréciation de la vie et des œuvres de Hegel », lui écrivait Buloz le 2 août 1860, « l'histoire de son influence dans le monde, un grand portrait de l'homme et du philosophe, un coup d'œil sur l'Hegelianisme actuel, ce serait là une grande et belle étude à faire, et je serais charmé que vous la fissiez pour nous, c'est-à-dire assez claire et littéraire pour nos lecteurs qui ne sont pas tous des philosophes. Je l'avais demandée autrefois à M. Renan. Sans accepter ma proposition, il promit d'y penser et ne m'en a plus parlé. » L'article, chose rare pour un début à la *Revue*, parut aussitôt et tel qu'il avait été présenté : nous en avons tout à l'heure fait connaître l'importance. C'est presque en même temps (29 octobre) que

Sainte-Beuve sonnait le premier coup de cloche qui annonçait Scherer au monde dans lequel il allait entrer.

Les dons de nature et le fonds de ressources acquises qu'il y apportait étaient considérables. Même au temps de sa première jeunesse, alors qu'il ne faisait que suivre sa fantaisie, Scherer, nous l'avons vu, amassait des trésors de connaissances et de réflexion. La discipline qu'il s'était ensuite imposée lui avait donné une puissance de travail peu commune. Ses plus anciens amis se souviennent de l'ardeur avec laquelle, à Strasbourg et à Genève, il dépouillait Duns Scot, St Thomas d'Aquin, Hugues de St-Victor. Aucun labeur ne l'effrayait. D'une patience de bénédictin et capable de s'enfermer des mois entiers dans la méditation d'un sujet, il pouvait, avec la même aisance, embrasser à la fois les études les plus variées. Seul, parmi nous, avec M. Renan, il possédait la double antiquité, l'antiquité hébraïque et l'antiquité classique. D'autre part, après avoir appris l'anglais à Montmouth, l'allemand à Strasbourg, il s'était mis à l'italien vers la fin de son séjour à Genève, au moment où il commençait à se désintéresser de la théologie, et l'on a pu dire à juste titre qu'il n'y avait pas beaucoup d'Anglais qui connussent aussi bien Shakespeare, d'Allemands qui eussent plus à fond pénétré Gœthe, Kant ou Hegel, d'Italiens pour qui Dante conservât moins de mystères. Il s'était, de prédilection, donné à la littérature anglaise. De ses articles sur Shakespeare, Milton, Tennyson, Wordsworth, Carlyle, Stern, Eliot, lord Beaconsfield, et des aperçus semés dans d'autres travaux, on ferait un volume original. Qu'il s'agît de notre littérature nationale ou des littératures étrangères. Ce sont surtout les contemporains qu'il aimait à suivre. Il a écrit quelques pages à peine sur l'antiquité et le moyen âge, sur le XVII^e et le XVIII^e siècle une vingtaine d'articles et une série d'analyses critiques de l'œuvre de Grimm et de Diderot devenues plus tard des livres. Le reste, c'est-à-dire dix volumes environ sur quinze, appartient à notre temps. Il n'en goûtait pas tout au même degré à beaucoup près, mais il se faisait un devoir de se tenir à jour. Personne, depuis la mort de Sainte-Beuve, n'a été mieux informé.

Ce n'était pas seulement chez lui exactitude de métier et dévouement professionnel. Il avait la passion de savoir, une passion infatigable, insatiable. On ne le rencontrait guère en chemin de fer, sur la route de Paris à Versailles, qu'un livre et un crayon à la main, et il ne faisait pas à tout le monde le sacrifice de mettre le livre dans sa poche. Ses cahiers de notes sont des mines extraordinairement riches d'extraits ordonnés, d'observations générales et de faits tout prêts à être mis en œuvre. Les questions scientifiques n'étaient pas celles qui excitaient le moins sa curiosité. Un de ses griefs contre l'absolu, c'était qu'il fermait les horizons de la science. Supposez, disait-il, la science complète, terminée, vraiment absolue. De loi en loi, de formule en formule, elle est arrivée à une formule suprême : le mot de l'univers tient désormais dans une coquille de noix. Beau triomphe! Ce qu'il y a de divin dans la science, ce n'est pas ce qu'elle a conquis, mais ce qui lui reste à conquérir, c'est-à-dire le progrès, l'inconnu, et par conséquent la poésie. Dans les dîners de quinzaine où il se retrouvait avec des amis de choix et dont il était l'un des hôtes les plus assidus, si quelque savant autorisé venait à faire part d'une découverte récemment arrivée d'Allemagne ou sortie d'un de nos laboratoires, il commandait le silence et l'imposait par son attitude. Tout son buste se portait en avant; l'œil fixe, l'oreille tendue, il multipliait, précisait, serrait les questions.

« J'aurais voulu voir son ami le plus intime se jeter entre lui et le maître dont il buvait les paroles, nous racontait un de ses voisins de table préférés, M. A. Du Mesnil; il aurait passé par-dessus ou au travers : toute vérité lui était une proie. »

Très étendues, ses informations étaient en même temps très sûres. Scherer avait jusque dans le détail la religion de l'exactitude. Il arriva un jour à l'évêque d'Orléans, dans une discussion parlementaire, d'invoquer l'autorité de Cicéron en indiquant la source. « Non, Monseigneur, notait-il en regard de la ligne de son exemplaire du *Journal Officiel;* le mot est de Sénèque, *Traité de la Clémence,* chapitre II, paragraphe 3 : » il s'était donné pour lui-même la satisfaction de vérifier. Il n'a jamais pardonné à V. de Laprade de mal écrire le nom de Tennyson. Une date fausse le choquait comme une faute de goût. Il a consacré tout un article, un de ses moindres articles, mais non l'un des moins piquants, à relever par centaines les inadvertances du dictionnaire de Dezobry. C'était pour lui une jouissance de tenir un autographe authentique ou un portrait du temps. Avec plus de loisirs, il serait devenu un fin collectionneur. S'il se moquait volontiers de l'étalage des documents, il aimait à sentir des dessous solides. Dans l'ensemble de ses propres écrits on ne trouverait peut-être pas plus de dix renvois ou références; mais il n'est pas une page qui n'ait pour support intérieur tout un ensemble de recherches rigoureuses. On ne pouvait pas lui faire plus de plaisir que de lui demander la bibliographie, et comme il disait en empruntant le mot à l'Allemagne, la littérature d'un sujet. Ses répertoires étaient des modèles d'enquête. Il aimait à dire : voilà quel est l'état de la question. Le plus souvent il n'en retenait lui-même qu'un point essentiel : il se restreignait pour mieux approfondir. Mais s'il croyait utile de reprendre l'historique d'une discussion comme dans la question homérique, il remontait aux origines du problème, en déroulait les phases; et la lumière, une lumière pleine et pure, courait de sommet en sommet.

Il avait conservé à la théologie un reconnaissant souvenir des habitudes d'esprit qu'elle lui avait données. C'est à tort, selon lui, qu'on la considérait comme une science étroite et vaine. Il n'en connaissait pas de plus étendue ni de plus solide. Telle qu'il la comprenait du moins, aucune ne se tient plus près des textes et des faits, puisqu'elle ne saurait se passer d'en constater l'âge, d'en établir l'authenticité, d'en déterminer le caractère. Aucune non plus ne tend aussi naturellement à ce que la spéculation peut atteindre de plus profond ou de plus élevé. C'était, à ses yeux, en un mot, l'école féconde entre toutes, à la condition qu'on en sortît. Scherer déclarait qu'il lui devait le sens critique et le sens historique, les deux instruments par excellence d'analyse et de précision.

Le doute cartésien, le doute d'attente était sa première règle. Fontenelle, à la fin de sa vie, était inquiet de l'assurance qu'il rencontrait autour de lui. « Combien, disait Scherer, ne serait-il pas plus effrayé aujourd'hui ! Non qu'on se fasse faute de nier, mais on nie comme on croit, dogmatiquement. Faites en pensée le tour de votre monde, et demandez-vous combien vous connaissez d'hommes qui aient l'habitude de suspendre leur jugement ! » Il avait de véritables mouvements de révolte contre « les partis pris moutonniers et l'horrible certitude ». Pour lui, il ne se décidait qu'avec les preuves. Dans les cas litigieux, il lui suffisait de dresser l'inventaire des opinions. Au moyen âge, il eût commenté le *sic* et *non* avec une supérieure autorité de science et de raison.

L'histoire était son flambeau. C'est l'histoire qui avait porté le premier coup à ses croyances, et, en même temps, c'est en s'appuyant sur l'idée de la succession des documents du Nouveau Testament qu'il avait essayé de soutenir la foi qui lui échappait. Les progrès faits de nos jours par la critique historique représentaient, à son sens, la révolution la plus considérable qui se fût accomplie depuis trois siècles. Il la comparait à ces forces de la nature qui agissent par infiltration, sans secousse, mais sans arrêt ni repos et qui, peu à peu, modifient la face du monde. « L'un soulève une question, l'autre aborde une étude, celui-ci scrute l'origine des langues, celui-là déchiffre les manuscrits. On interroge les monuments, les mythologies, les chants populaires, on soulève des hypothèses, on institue des comparaisons. Chacun fouille devant lui comme la taupe qui creuse sa galerie. Pure affaire d'érudition, à ce qu'il semble, amusement stérile de quelques savants enfermés dans leur cabinet! Puis ces travaux font corps; il s'en dégage des conclusions générales, et voilà que l'histoire est transformée et, avec l'histoire, la conscience même de l'humanité. Car l'histoire, c'est cela : le genre humain se rendant compte de ce qu'il a été et de ce qu'il est devenu. » Se tenir l'esprit toujours accessible aux découvertes de la science et soumis à la souveraineté des faits, arriver par un doute réfléchi à la certitude telle qu'on peut espérer de l'établir, la certitude établie, embrasser avec sérénité, d'un point de vue chaque jour rehaussé, des horizons plus vastes, Scherer ne connaissait pas de satisfaction plus noble, sauf peut-être celle de communiquer aux autres le résultat de son labeur.

Le spectacle de la vie sociale l'attachait dans sa variété infinie. Il professait qu'un homme intelligent est apte à tout : pourquoi ces facultés, dès qu'il les applique, ne le serviraient-elles pas ici et là avec un égal succès? Était-il plus malaisé de résoudre une question d'administration industrielle qu'un problème de morale? Un fils, un petit-fils de banquier, presque élevé dans la banque comme lui, pouvait-il ne pas être en mesure de saisir les combinaisons d'une opération d'argent? Ses premières notes contiennent, entre deux morceaux de critique philosophique ou littéraire, des remarques sur le calcul des intérêts composés et sur les règles des comptes courants. Après 1870, pendant plus de quinze ans, il a participé à la rédaction politique de divers journaux financiers. En revendiquant cette sorte d'universalité intellectuelle, Scherer ne croyait outrepasser en rien les droits, ou, si l'on veut, les privilèges d'un esprit ouvert et bien doué.

Mais l'objet propre de son étude, c'est l'homme, et dans l'homme, il va droit à l'âme, mieux encore, au caractère, à la personne, non au personnage, à ce qu'il appelle le point central, celui autour duquel tout s'organise. Décrivant le talent de Sainte-Beuve, le Sainte-Beuve des *Premiers portraits*, il le comparait à un pastelliste qui promène son crayon sur la toile, non pas au hasard ni sans méthode, mais en toute liberté d'impression, retouche, nuance et précise à petits coups jusqu'à ce qu'il ait atteint la ressemblance. Pour lui, il rappellerait plutôt le travail du statuaire qui n'attaque le bloc de marbre que lorsqu'il est sûr de son esquisse, mais qui, maître de sa pensée, enfonce le ciseau d'une main ferme et fait saillir à vives arêtes l'image qu'il reproduit. Tandis que Sainte-Beuve confesse les gens, suivant la fine expression de Vinet, Scherer les interroge, j'allais presque dire, il les met à la question, tant il les presse pour leur arracher leur secret ! Si le dialogue est la forme qu'il s'applique à lui-même chaque fois qu'il a une déclaration importante à faire, c'est parce que la mutuelle interrogation des deux interlocuteurs qu'il oppose ne souffre point d'échappatoires. Montaigu, cet ami sous les traits duquel il s'est peint plus d'une fois, ne lui plaît tant que parce qu'il lui trouve la curiosité qui pose les problèmes, la sincérité qui les examine et le courage qui ne recule pas devant les solutions.

Dans ce travail qui le passionne, sa pensée est le plus souvent ramenée sur lui-même. La critique de Sainte-Beuve est presque impersonnelle : il s'oublie volontiers ou s'efface. « Je n'étais plus chez moi, écrit-il, j'étais chez un autre pendant une quinzaine, j'étais cet autre. » Scherer n'a pas et ne donne pas de ces illusions. Alors qu'on le croit le plus perdu dans son auteur, tout d'un coup il apparaît. A la surface, le cours de ses considérations est reposé ; le bouillonnement est au fond, et l'inquiétude se redresse comme ces récifs que recouvre le flot, mais qui, à la marée descendante, surgissent et révèlent une plage tourmentée. Il n'est si sensible à la poésie de Lucrèce, à sa grandeur familière, à son âpreté vivifiante, que par ce que l'objet du poème est un drame où il se retrouve. C'est sous l'empire de cette préoccupation intérieure qu'il lui arrive parfois de fermer trop tôt le livre qu'il étudie. Il ne reste pas assez longtemps sous l'impression de son sujet. Un jugement était ce qui lui coûtait le moins. Ses notes en offrent de toute sorte. C'était sa manière de régler son compte immédiatement après une lecture, et il n'était pas bon de lui laisser une première idée insuffisante ou défavorable. Il admirait les Anglais qui, suivant le mot de Jean Paul, ne regardent ni à droite ni à gauche et portent des œillères. Dans cette manière de circonscrire le champ de l'observation, il trouvait le signe et la condition de la vigueur. « Il faut se borner pour être fort, embrasser peu pour bien étreindre, fixer le but pour y arriver. »

Heureusement, — ce qui le prémunissait contre les dangers des vues rapides ou étroites, — il n'aimait point les systématiques. Il les trouvait trop simplificateurs. C'est la tendance d'une certaine critique de tout réduire à un trait unique, et par là de substituer une idée à la vie. Scherer tenait pour suspects les hommes à idées. Il ne redoutait rien tant que les convictions sûres d'elles-mêmes. « Quiconque s'est occupé de philosophie de l'histoire, disait-il plaisamment, quiconque a tenté de ranger les faits sous quelque loi éclose en son intelligence sait qu'il en est de ces opérations comme des tables tournantes : on pousse à son insu et on produit soi-même le phénomène devant lequel on est ensuite le premier à s'extasier. » Il n'était rien moins que prisonnier de ses opinions. Par esprit vraiment libre il entendait celui qui ne s'aveugle pas sur la part d'à peu près et de provisoire que renferment ses thèses les plus affirmatives. Le fond de sa doctrine psychologique, toute Hegelienne, c'est qu'il n'existe rien dans le monde moral, pas plus que dans le monde physique, qui ne porte en soi son contraire ; qu'aucun homme n'est coulé d'un seul jet; qu'il n'est jamais tout à fait ce qu'il est beaucoup, pour emprunter le mot de Mme de Rémusat, que chaque chose enfin demande à être vue à l'envers en même temps qu'à l'endroit. Il considérait que la contradiction n'est qu'un désordre apparent dont, par suite d'une observation superficielle, la cause régulière nous échappe, un rapport dont les termes nous font défaut ; et il en tirait cette conclusion qu'on n'a chance d'être juste qu'à la condition de se défier des jugements tout d'une pièce et de rapprocher perpétuellement ce qui semble s'opposer. Démêler, comprendre, expliquer les complications infinies, les inconséquences d'un caractère, pour lui toute la science du critique est là. Il ne craignait pas de laisser vérifier sur lui-même cette loi des contrastes. Il en faisait l'application aux sujets les plus divers, à saint Paul et à La Fontaine : — Saint-Paul à la fois hérissé et séduisant, le plus étroit, le plus enchevêtré, le plus convaincu des logiciens et le plus profond, le plus onctueux, le plus médullaire des mystiques, un héros et un saint, vivant en même temps au ciel et sur la terre, un contemplatif engagé à fond dans l'action; — La Fontaine, esprit tour à tour ou tout ensemble simple et madré, naïf et ayant conscience de sa naïveté, observateur et distrait, sauvage et charmant, solitaire et mondain, insouciant et attachant, sentimental et libertin, pour tout dire enfin, l'homme qui semble avoir été le moins propre à vivre dans la société de ses semblables et qui a le plus finement retracé les mille nuances de nos sentiments, les mille détours de nos hypocrisies.

Ce sont ces habitudes d'esprit, ces méthodes, ces principes, que Scherer portait dans ses *Études de littérature contemporaine*. Il eût aimé qu'on y reconnût d'abord comme inspiration générale le souci des choses pour les choses, sans recherche ni préoccupation aucune de l'agrément ou de l'effet. « Montaigu peut bien être un homme instruit et même un homme de goût; mais avec lui on dirait que notre esprit n'est qu'une machine à savoir, à élucider, et que les ornements n'ont que faire même dans les questions de littérature. Et tel est l'homme, tel est son style : sa manière d'écrire est comme la lame d'un couteau, tranchante, mais mince; ou, si vous aimez mieux une autre comparaison, c'est un train de chemin de fer qui vous mène au but et assez rapidement, mais sans vous montrer beaucoup le pays le long de la route. » Montaigu est trop sévère. Scherer n'a pas été sans doute, du jour où il a pris la plume, ce qu'il est devenu dans la suite. Peu s'en fallut même que la pratique prolongée de la littérature germanique ne le gâtât. Ses premiers écrits sont hérissés de formules, de locutions composites et de tours barbares qui en rendent la lecture très difficile. Son enseignement à l'Oratoire et les études dont il le soutenait le ramenèrent à la simplicité et à la clarté de la controverse française, non sans le retenir encore trop longtemps dans les régions froides de l'abstraction. Il lui en est toujours resté une certaine âpreté. Il y a dans son style ce que Sainte-Beuve appelait chez Vinet de petits glaçons théologiques : il ne s'est jamais tout à fait fondu. Mais il a la vigueur, l'abondance, la verve, la grande ironie, le trait, l'expression pleine, neuve, heureuse. C'est un écrivain de ferme et haut vol.

En quoi seulement Montaigu a raison, c'est lorsqu'il dit que son ami ne se piquait point de se mettre en frais de tenue littéraire plus qu'il n'était nécessaire. Certaines qualités lui déplaisaient presque à l'égal d'un défaut. Quand on lui vantait une page dans un livre, ou qu'on lui disait d'un nouveau venu : il a du talent, — il entrait en défiance, assuré que c'était de virtuosité qu'il s'agissait, et la virtuosité l'irritait. Il tenait la description pour un genre de décadence. Il ne pouvait souffrir la rhétorique, même la rhétorique aimable et spirituelle dont Doudan n'était pas arrivé à secouer l'habitude, même la grande, comme celle où se complaisait V. Cousin. Il n'a jamais su, à proprement parler, ce que c'était qu'une digression. C'est un charme qui lui manque. Mais que de force il puise dans sa rigueur! Tous ses développements sont des lignes tirées du sujet ou convergeant sur le sujet comme autant de rayons. Pas un mot qui ne porte. Rien de convenu. Après le cliché il n'avait peut être pas de plus vive antipathie que le néologisme. Il était toujours prêt à entrer en campagne contre les témérités ou les relâchements du journalisme. Il regrettait que l'Académie « n'eût pas un droit de haute et basse justice sur les malfaiteurs qui attentent à cette chose sainte entre toutes, la langue maternelle ». Ne s'est-il pas lui-même donné certaines licences? Il se suivait de trop près pour n'en avoir pas conscience. Cependant même dans ces moments d'oubli, il ne se permettait aucune aisance qui rappelât le factice. Il allait jusqu'à se défendre d'avoir en aucun temps voulu faire œuvre d'artiste. C'était trop dire. Mais on lui doit cette justice que la pensée était son principal, sinon son unique souci. Nous autres, qui avons parcouru dans tous les sens la lande aride de la spéculation, lui écrivait Colani, nous pouvons être des graveurs, nous ne serons jamais des coloristes. Il se reprochait lui-même de trop donner à la réflexion et de manquer de génialité. Être compris en ne déplaisant point était la formule de son ambition. Où il a pu se ramasser, il est, au premier rang, admirable. Lorsqu'il s'abandonne avec trop de complaisance, c'est presque toujours un effet du besoin d'établir et de prouver. Dans son style si personnel, de même que dans le fond de sa doctrine, tout procède de cette sincérité austère qui a été à la fois la douceur secrète et le tourment de sa vie.

Souvent même, en abordant un sujet littéraire, il a manifestement l'inquiétude de travailler à vide. A quoi bon? Que la critique nous explique nos jouissances en les analysant, qu'elle donne à une impression instinctive la solidité de la réflexion, à un jugement personnel la portée d'une observation générale, c'est bien quelque chose, et il ne conteste ni cette utilité, ni cet agrément. Mais il demande plus et mieux. Une œuvre qui n'est qu'une œuvre de métier le laissait indifférent. Il distinguait deux classes de poètes : ceux pour lesquels la poésie est un instrument enchanté, le violon de Paganini, tout ce que l'on voudra, mais enfin et en somme un instrument, et ceux pour lesquels la poésie est une voix, un langage, l'expression naturelle et spontanée d'un sentiment : Racine, André Chénier, Lamartine sont de cette dernière famille et c'est de ceux-ci qu'il ne se lassait point. Sainte-Beuve est d'abord un lettré, un merveilleux lettré; ce n'est que par occasion qu'il se fait moraliste. Scherer est avant tout un moraliste. Les grands problèmes sont sa pierre de touche. Qu'est-ce que l'existence? Qu'est-ce que la mort? Qu'est-ce que le progrès? Qu'est-ce que le bonheur? demande-t-il à ceux qu'il lit. « La vraie saveur d'un livre n'est-ce pas la conception de la vie et du monde qui s'y exprime ou s'y devine? »

S'il respecte presque autant que D. Nisard le bon sens railleur, la franchise sans amertume, la courageuse probité de Boileau, s'il relit Mme de Sévigné avec autant de passion que Sacy, — dans les éditions nouvelles seulement[1], — s'il a le

1. M. de Sacy lui en faisait une querelle charmante. Dans un article sur Mme de Sévigné, Scherer avait fait allusion au texte que M. Sacy avait adopté et conservé à son usage en dépit de toutes les découvertes et rectifications de la critique contemporaine : « Ah! Monsieur, lui écrivait M. de Sacy (28 novembre 1864), quel beau colloque nous pourrions avoir, si les colloques étaient encore en usage et si le public avait au moins des passions littéraires!... Comme je m'enrouerais à vous démontrer que le vrai Pascal, le grand Pascal est celui des Pensées de 1670 et qu'il ne faut pas étudier le vif sur un squelette informe! Et ces lettres de Mme de Sévigné qu'on nous donne aujourd'hui pour les originaux, quel beau champ de bataille j'aurais-là! Mais ce n'est pas de tout cela qu'il s'agit en ce moment. Vous m'avez traité trop favorablement pour que mon amour-propre ne vous pardonne pas tout et qu'il me reste autre chose dans le cœur qu'un sentiment de profonde reconnaissance. Embrassons-nous aujourd'hui. Demain, s'il le faut, nous nous arracherons les yeux. Peut-être cependant sera-t-il mieux de vivre en paix malgré nos dissentiments, et d'avoir l'un pour

culte, en un mot, culte sans superstition, mais ferme et persistant, du XVII^e siècle, c'est que nulle part il n'a rencontré de plus larges ouvertures sur le fond du cœur humain, c'est qu'avec le prolongement de la Renaissance, le respect de la tradition mêlé de candeur, les ressources de la force acquise unies à la fécondité du génie naturel, il y trouve dans sa plénitude l'épanouissement de l'âme nationale. Il admirait autant que personne dans le XVIII^e siècle la générosité des vues, l'intelligence de la vie, l'effort définitif de l'affranchissement. Mais il en redoutait l'esprit de frivolité et de corruption. Malheur à la France le jour où elle oublierait les principes qu'elle lui doit ! Malheur surtout le jour où elle n'en goûterait plus que les ivresses malsaines! Habitué à identifier le beau et le bien, à faire de la morale une sorte d'esthétique supérieure, resté honnête homme en tant qu'homme de goût, Scherer ne savait pas prendre son plaisir où sa conscience n'était point à l'aise. Sans pruderie ni fausse délicatesse d'aucune sorte, il était sur ce point prompt à s'émouvoir. Les raffi-

l'autre cette estime et cette charité que méritent votre caractère et votre talent, et dont la sincérité de mes opinions me rend digne, je crois.... »

nements de la littérature de boudoir l'offusquaient. Les hardiesses débridées le révoltaient. Il a toujours conservé dans l'âme un fond de rigidité calviniste et de puritanisme inquiet. Peut-être ne faut-il attribuer qu'à l'exaltation de ces scrupules la froideur de son admiration pour certaines œuvres de La Fontaine et de Molière. Là est assurément l'explication de quelques-uns de ses jugements inexacts les plus remarqués. Sa sévérité, on pourrait dire son injustice, pour la magie du style de Jean-Jacques Rousseau n'a d'autre cause que sa répulsion pour la bassesse du cœur de l'homme. Il aimait en Diderot l'ampleur, le tour philosophique et la flamme du génie; mais il ne lui a jamais pardonné *Jacques le Fataliste*, malgré l'histoire de Mme de la Pommeraye; et, obligé de dire un mot des *Bijoux indiscrets*, il passe vite, la rougeur au front. Tous ses sentiments protestaient contre l'avilissement et répugnaient au libertinage. A ceux qui faisaient profession de s'y abandonner il était homme à tout refuser, même le talent, — comme il lui est arrivé pour certains écrivains contemporains, — le talent fût-il éclatant. Il estimait qu'il y a une infection de goût qui n'est pas compatible avec l'honnêteté de l'âme. Il comptait parmi les vertus de l'homme de lettres, au premier rang, le respect de soi et la décence, cette grâce suprême.

C'était un classique, définissant le grand art, comme un pur doctrinaire de l'école traditionnelle : « ce qui, en toute chose, est universel par le sentiment et par l'expression; » mais un classique moderne, dont la pensée avait été élargie au souffle de Hegel, qui sentait les beautés de Dante à l'égal de celles de Virgile, et qui ne se croyait pas tenu de déprécier Shakespeare parce que Racine le charmait. Dans sa première jeunesse, il avait conçu le plan d'une histoire générale des sciences et des lettres où chaque race, chaque peuple, chaque homme devait avoir sa place dans le développement de l'humanité, en dehors et au-dessus des préjugés, des rivalités, des haines politiques ou religieuses. Plus tard, il avait entrepris d'acclimater en France le génie de la poésie anglaise non sans forcer parfois la note de l'admiration, comme pour nous inviter davantage à nous laisser de bonne grâce apparenter. Réalisme ou idéalisme, il ne se plaçait pas à ce point de vue dans ses jugements. La distinction, prise à la lettre, lui semblait puérile. Était-il un partisan si convaincu de l'idéal qui ne fût obligé de partir de la réalité? Était-il un réaliste si résolu à copier la nature qui ne l'arrangeât en vue de l'effet? La vérité artistique ou littéraire lui semblait bonne à prendre de toute main, non pour ce qu'elle voulait être, mais pour ce qu'elle était. Il ne s'attachait qu'à la vie des choses. Il appelait Sainte-Beuve un naturaliste de la pensée et il était lui-même en ce sens un naturaliste.

J'ai plus d'une fois provoqué le rapprochement avec Sainte-Beuve. Littérairement Sainte-Beuve a été pour Scherer, à bien des égards, ce qu'avait été Vinet dans l'ordre des idées religieuses, un père spirituel, un directeur de conscience. La connaissance profonde qu'il possédait des langues étrangères et le progrès des sciences qu'il suivait d'un œil attentif lui avaient frayé des voies que le critique des *Lundis* n'a point connues. Ce n'en est pas moins lui qu'il saluait du nom de maître. Sa vénération avait l'élévation et la tendresse d'un culte. Le buste de Sainte-Beuve était devenu comme le dieu protecteur de son foyer, un de ses Lares. Il l'avait, sur son bureau de travail, toujours sous les yeux. Le socle portait, inscrite de sa main, la date du jour où il l'avait perdu. Il admirait sans réserve sa lucide intelligence, sa puissance de métamorphose sans ombre de charlatanisme, son humanité; il analysait avec la tristesse d'un inconsolable regret le prestige de ce génie qui avait emporté avec lui une expression de l'esprit français, l'art avec lequel il s'enroulait autour d'un sujet et enlaçait le lecteur, le souffle de discret scepticisme qui circulait dans son œuvre, son bon sens incisif, revenu de tout, mais prêt à tout comprendre, la fleur de poésie qui, çà et là, rappelait les jours ensoleillés de la jeunesse et témoignait de la fraîcheur d'une imagination restée vive en dépit des appesantissements de la vie. Par-dessus toute chose il plaçait sa droiture, son désir de faire goûter même ceux qu'il n'aimait pas, son esprit de nuance et de mesure, sa royale équité. Il n'est pas de qualité peut-être qu'il lui ait plus enviée. A l'apogée de sa carrière il écrivait pour lui-même (11 novembre 1879) : « Mon ambition serait d'apprendre à la critique à louer, à louer cordialement, voire avec enthousiasme, sans s'engouer pour cela ni devenir aveugle aux défauts; et de même je voudrais montrer comment l'on peut être sévère, rigoureux même, s'il le faut, pour un écrivain, sans lui refuser l'admiration qu'il peut mériter à d'autres égards. »

Conformes à ses vues psychologiques, ces règles d'impartialité répondaient en même temps aux prescriptions de sa conscience. Les a-t-il toujours observées comme il avait le ferme propos de le faire? Sainte-Beuve lui-même a eu ses heures d'entraînement. La logique à laquelle Scherer a tant accordé ne l'a pas toujours payé de retour ni servi avec un égal bonheur. Le paradoxe l'emportait. Bien souvent aussi il aurait gagné à se donner raison moins impérieusement. Sous les dehors de la froideur, c'était une âme de feu. Mais sa passion ne procédait que d'une conviction généreuse. Scherer n'a pas connu les misères de l'esprit de coterie, ni les bassesses de l'esprit de dénigrement. Il avait la critique, comme la louange, franche, loyale, élevée[1]. Même lorsqu'elle laisse le trait dans la

1. « On a bien fait de vous remettre mon dernier livre — *Les moines d'Occident* — lui écrivait Montalembert; je vous l'aurais adressé moi-même, sûr d'avoir toujours à reconnaître en vous la bonne foi et l'honneur, alors même que je ne serais pas d'accord avec vous et ayant la prétention de vous inspirer les mêmes sentiments. » — « Excepté de vous conquérir tout entier, lui disait M. de Falloux, Mme Swetchine ne pouvait obtenir de vous davantage, et ses amis vous doivent une profonde gratitude, puisque vous aurez puissamment contribué à la faire aimer, en ne lui refusant que ce qui n'est pas libre en vous, ou du moins ce que vous avez placé d'avance en dehors de toute atteinte. »

plaie, sa plume mordante n'envenime point les blessures qu'elle a faites. Quels admirables portraits on obtiendrait en réunissant les passages où il peint le talent de ceux sur lesquels son propre talent s'est parfois exercé avec le plus de vivacité! Au fond et malgré certaines réserves, — réserves de tempérament plus encore peut-être que de jugement, — quel respect pour M. Taine, pour la sincérité avec laquelle l'historien philosophe revient sans cesse à l'idée maîtresse de ses travaux, quel sentiment de sa puissance d'abstraction, de sa rigueur pénétrante, de l'étincelante richesse de son style! Comme il se plaît à décrire le charme subtil et capiteux de M. Renan, la profusion d'idées, les surprises d'expression, la source de poésie toujours jaillissante, qui ont fait de l'auteur de l'*Histoire des origines du christianisme*, de *Caliban* et de *l'Abbesse de Jouarre*, l'écrivain le plus extraordinaire de cette fin de siècle! Avec quelle bonne grâce, rendant compte des *Dialogues philosophiques*, il se reproche d'avoir fourré les gros doigts de la critique dans ce merveilleux tissu d'Arachné! On peut lui appliquer ce qu'il a dit de Doudan : « Doudan portait dans ses idées quelque chose d'entier que tempérait le besoin de mesure, au

13

moment où l'on s'y attendait le moins, grâce à l'avertissement secret d'une conception fondamentale des choses plus large, d'une sagesse intime plus sereine. » Ce qui surtout le préservait de l'injustice ou de l'erreur, c'était son amour pour la vérité. Il excellait à faire connaître un auteur. Ses analyses offrent des modèles d'exactitude en même temps que de relief. Les jugements qu'il portait sur les écrivains en annonçant leur mort, les portraits académiques qu'il traçait sous l'impression des discours de réception, le jour même de la séance, sont presque tous des médaillons achevés.

Il est vrai, qu'à mesure qu'il avançait dans la vie, la préoccupation de n'être la dupe de rien ni de personne était visiblement le sentiment qui le dominait. « La déconfiture de l'absolu a ceci de bon, disait-il, qu'elle est favorable à l'indulgence »; et son indulgence ressemble de bien près au détachement suprême. Dans sa gentilhommerie intellectuelle il semble toujours qu'il craigne de ne se point montrer assez désintéressé. D'une certaine façon de silence qu'ont bien connue tous ceux qui l'approchaient il s'était fait une arme redoutable. On pouvait espérer, quoique difficilement, le faire changer d'avis, quand il avait pris position. Il fallait renoncer à le faire parler lorsqu'il avait résolu de se taire. Aussi n'avait-il pas que des amis. Mais nul ne refusait de rendre hommage à la solidité de ses connaissances, à la vigueur de sa raison, à l'élévation de ses vues, à la parfaite probité de sa critique. Depuis la mort de Sainte-Beuve, il était investi de cette magistrature d'opinion qu'on appelle l'autorité.

L'autorité littéraire ne va pas sans l'attrait, et ni l'étendue du savoir, ni la tenue de l'esprit ne suffisent à l'assurer. Scherer a laissé entrevoir dans son œuvre critique,—ce qu'il avait au fond de l'âme,—tout un arrière-plan, pour ainsi dire, de délicatesses exquises. Il n'a jamais cessé d'aimer le roman et la poésie. Il saluait dans Balzac une des puissances psychologiques de notre temps. Il n'a rien écrit sur George Sand; mais ses carnets de notes sont remplis d'extraits des *Mémoires de ma vie*, et il avait eu la pensée d'en tirer un portrait de l'auteur peint par lui-même. Il est un des premiers qui aient popularisé en France le nom de George Eliot et fait connaître comme écrivain Eugène Fromentin. Pour les poètes, on a remarqué qu'il ne publiait pas un volume où une place ne leur fût réservée. Sous l'enveloppe du vers la pensée ne le touchait pas moins que le sentiment. Nous avons dit son admiration pour Lucrèce. Il avait un goût très vif pour M. Sully-Prudhomme. Toutefois c'est l'émotion avant tout qu'il cherchait dans la poésie. Il se laissait bercer au chant du rythme et au refrain de la rime. Il en analysait subtilement les artifices; mais il en subissait délicieusement le prestige. Parmi les classiques français, Racine était pour lui le maître du chœur : sa « perfection raphaélesque » le transportait. Chez les modernes, il ne reconnaissait point d'égal à Lamartine, « le plus suave, le plus splendide, le plus éthéré des élégiaques ! » Les notes sonores et profondes des *Méditations* et des *Harmonies* le remuaient jusqu'au fond des entrailles. Quand il récitait l'*Isolement*, les *Préludes*, le *Crucifix*, le *Lac*, on eût dit que toutes les tendresses mystiques de sa jeunesse lui revenaient au cœur : il en buvait à longs traits la tristesse voluptueuse. Je ne crois pas que personne ait mis plus résolument à nu les faiblesses du génie de Châteaubriand, ni plus sévèrement jugé les mensonges de son talent et de sa vie; mais personne non plus peut-être n'a mieux fait sentir la magnificence des dons naturels de l'auteur des *Martyrs*, son goût du sublime, la puissance de son action. « J'ai coutume de penser, écrivait-il, que nos enfants, ceux qui liront Châteaubriand et Lamartine, comme on peut les lire aujourd'hui, ne sauront jamais ce que ces pages ont été pour nous, avec quel enchantement une génération entière y trouvait exprimé dans un harmonieux langage tout l'infini de ses aspirations. La poésie et le roman de la Restauration resteront dans le souvenir de ceux qui les ont savourés à leur heure, comme un de ces beaux songes de l'adolescence dans lesquels, plein d'illusion et de ferveur, on s'élance les yeux fermés à la conquête d'en haut. » Ce respectueux serviteur du fait était un amant passionné de l'idéal.

Doudan, qu'il a souvent pris pour interprète de ses sentiments, disait que les romanciers et les poètes ont déjà quelque chose de la langue semi-obscure des beaux-arts qui fait voir trente-six mille chandelles. « Or les trente-six mille chandelles des poètes, qu'est-ce autre chose que le rayonnement lointain des vérités que notre intelligence ne peut aborder de front? Mais, quand on regarde de côté, on surprend de petits fils d'or qui joignent le connu à l'inconnu, et l'on peut quelquefois en faire profiter l'inconnu. » Ces fils d'or, Scherer aimait à y suspendre sa pensée, dès qu'il l'avait livrée au rêve. « La pensée, disait-il à son tour, c'est la divine inquiétude, c'est la magie qui, en toutes choses, nous fait sentir beaucoup plus que ce que nous voyons. Le véritable artiste met toujours dans son œuvre de cet infini qui est dans toute âme d'homme, dans tout morceau du ciel. Il sait, sur une toile limitée, ménager des lointains qui font deviner l'univers. Derrière ces hommes qu'il nous montre, il y a l'homme, il y a nous-mêmes, notre destinée, celle que nous avons reçue et celle qui nous est échappée. .., toute sorte de souvenirs dans lesquels se confondent les joies et les deuils de l'âme, la tendresse, la piété..., et qui font jaillir des larmes étranges. » De telles pages ne sont pas rares dans les articles les plus didactiques de Scherer. Sur la jeunesse, la mélancolie, la mort, l'amour, il a des morceaux d'un sentiment profond. Quelques-unes de ses confessions personnelles, — nous en avons cité des exemples, — sont empreintes d'une émotion poignante. C'était une de ses maximes qu'un homme bien élevé doit se taire sur tout ce qui le touche et éviter de se montrer. Mais si, comme il l'a dit aussi, l'originalité consiste dans l'intensité de la vie, si l'on n'est quelque chose qu'à la condition d'être soi, il est bien peu d'écrivains qui excitent au même degré cet intérêt, lorsqu'il ne s'interdit point de se laisser voir et de parler.

Mais ce n'est là, j'en conviens, que le charme accidentel des *Études de littérature contemporaine.* Leur attrait de fond, leur force réside dans la clarté supérieure que Scherer répand sur tous les sujets qu'il traite. Il est plus d'un point dans ses controverses où le contact de son opinion glace le cœur; il n'en est pas où l'intelligence ne soit satisfaite : il fait tout comprendre. On dit que l'esprit français est incapable de hardiesse, que le soin de la composition l'émousse, que les scrupules de la précision le refroidissent, qu'il ne sait pas exprimer ce qui de sa nature est indécis, que, ne pouvant supporter le demi-jour, il s'arrête aux confins des grands problèmes; et l'on nous renvoie aux complaisantes obscurités de la philosophie germanique. C'est pour les autres, ajoute-t-on, que le Français parle ou écrit; l'Allemand pense pour lui-même. On ne refusera pas à Scherer le privilège d'avoir réuni ce double talent. On ne trouverait guère de difficulté métaphysique qu'il n'ait nettement abordée, d'explication qu'il n'ait tenté de se fournir à lui et à ses lecteurs dans une langue transparente. Pour être juste envers nos méthodes, il suffit de rapprocher les élucubrations de sa première maturité éclose sous l'action du génie allemand des derniers efforts de sa pensée polie par l'éducation française. La savante conduite des discussions qu'il institue tantôt dans le cadre d'un dialogue, tantôt sous la forme d'un exposé critique, n'enlève rien à la vigueur des arguments, rien à la lucidité du style. Je n'aime pas les nuages, disait-il justement. On peut se sentir à l'étroit dans les régions où il nous introduit; il ne dépend pas de lui qu'on ne s'y meuve en pleine lumière. Lorsque ces clartés, souvent un peu crues, mais toujours si vives, portent sur des sujets où il est permis à la science de faire la preuve et de conclure. elles les pénètrent si profondément qu'après l'avoir lu, il semble qu'il n'y ait plus de question.

D'où vient que son influence n'était point en proportion de son talent et qu'aujourd'hui le sentiment que sa mémoire inspire ne va guère au delà du respect? Les raisons en sont aisées à reconnaître. Indépendant par nature, Scherer, en quelque situation que la fortune l'eût fait naître, aurait brisé les cadres. On n'a pas d'ailleurs pendant si longtemps vécu en soi et travaillé sur soi, on ne s'est pas défait et refait de fond en comble, sans avoir pris l'habitude de la concentration psychologique et d'une sorte d'isolement intellectuel. D'autre part, à ses débuts dans la critique, Scherer avait conçu l'espérance d'une grande rénovation philosophique et littéraire. La Révolution de 1848, l'expansion d'idées qui l'avait suivie, l'abaissement des barrières qui séparaient les peuples, l'alliance de la philosophie avec les sciences et avec l'histoire, la fusion des littératures préparée par une connaissance plus générale des langues vivantes et enfin le sentiment libéral qui, à travers les épreuves, était devenu plus intelligent, tout cela lui semblait ouvrir à l'esprit humain de nouveaux horizons. Il s'en applaudissait comme de l'avènement d'un siècle d'or pour la pensée. Il se réjouissait de la part qu'y devait trouver son activité. Mais peu à peu, tandis que les réalités de la science et de la vie entreprenaient chaque jour davantage sur l'idéal dans le domaine de l'art et de la littérature, ce sentiment de confiance faiblissait. Il se demandait avec anxiété lequel valait mieux des deux âges que sa destinée lui avait permis de connaître : — de celui tout imprégné du surnaturel chrétien, dont Chateaubriand et Lamartine avaient mené le chœur, où l'on croyait à l'invisible et à l'au delà, où fleurissaient, avec le culte de la femme, les hautes pensées et les vertus chevaleresques, où triomphait la jeunesse avec son ignorance et ses illusions, mais aussi avec le charme vainqueur et le rayon au front, — ou bien de l'âge auquel présidait la science, qui avait dit adieu au rêve, pour qui la femme n'était plus qu'une associée et qui voyait de plus en plus le ciel s'épaissir sur sa tête? Était-ce une transformation qui s'annonçait? Était-ce un commencement de décadence? L'idée de la décadence hantait son esprit. Tant d'autres peuples à qui jadis était échue la première place dans le monde en avaient subi la fatale atteinte! Pouvions-nous avoir la prétention d'y échapper?

« Tout se tient dans une époque. Une époque a son caractère ou son manque de caractère; un siècle est grand, un autre est charmant, un autre ingénieux, un autre enfin purement philistin; mais, quel que soit le génie d'un siècle, tout participe de ce génie par un envahissement sourd. » Et à l'entendre, pour nous, c'est au philistinisme que cet envahissement sourd nous conduisait. « Nous nous américanisons. La société moderne n'a plus de temps que pour deux choses : le travail qui lui donne le pain, et l'amusement qui la distrait du travail. Encore n'est-elle pas bien difficile sur le choix de l'amusement : elle se contente du plus grossier.... Qu'est devenu le temps où l'on ne connaissait que les plaisirs de l'esprit et où le goût en était la règle? Le goût, c'est le travail qui se cache, et nous ne faisons fête qu'aux artifices qui se montrent; c'est l'effort qui se dissimule, et nous n'aimons plus que l'éclat de la difficulté vaincue; c'est la délicatesse, et nous avons l'adoration de la force; c'est la mesure, et nous nous prosternons devant ce qui est démesuré. Jamais autrefois le crayon n'était assez léger; aujourd'hui, il troue le papier. L'expression ne s'adresse plus à l'esprit, mais aux sens. On va à la chasse des mots étrangers ou étranges. Le plus grand écrivain est celui qui dispose du vocabulaire le plus étendu et le plus osé. Livrée à l'industrie, tombée dans le procédé, portée à l'outrance, se nourrissant des curiosités malfaisantes, cherchant le succès dans des sensations nouvelles et jusque dans le dégoût, notre littérature peut-elle longtemps se soutenir à ce degré de raffinement dans la débauche et l'imbécillité?... Quel est le livre aujourd'hui qui fasse penser? En est-il où l'amour soit encore une passion, où il ne prête pas son nom au vice?... Triste, triste! Nous nous affaissons. La sénilité nous gagne.... »

Ces sombres prophéties, dont je ne fais que rassembler quelques traits, couvrent comme d'un voile de tristesse les derniers articles de Scherer. Était-ce esprit de système? Non. Mais il semble qu'il ne voyait plus qu'un aspect des faits. Il oubliait ses propres principes. Jugeant les choses de plus près, se complaisant moins dans le spectacle des faiblesses humaines, — car ces mélancolies ont aussi leur jouissance, — il aurait reconnu plus équitablement dans l'activité des talents contemporains cette part du bien et du mal qu'ailleurs il recommandait de faire avec tant de scrupule. Si la curiosité lui mettait en main un de ces livres nouveaux, pénétrés de l'esprit de recherche scientifique et de libre examen qu'il avait préconisé, une sorte de suspicion était son premier sentiment. Même dans le commerce intime, le plus souvent il se gardait. Il fallait le comprendre à demi-mot. Sa sympathie était sans abandon. Ce qui avait contribué à l'attirer vers Fromentin, c'est l'espèce de misanthropie dont, au moment où il publiait son roman, l'auteur de *Dominique* paraissait affligé. Il ne visitait guères Doudan qu'aux heures où il savait que Doudan n'avait pas d'autres visiteurs. Comme les cénobites dont la vie charmait jadis son imagination, il éprouvait d'irrésistibles besoins de méditation et de silence. Il lui a manqué de se mêler au mouvement d'idées qu'il avait si puissamment contribué à créer. Il lui a manqué surtout de laisser venir à lui la jeunesse, de faire accueil à ses idées, fût-ce à ses chimères, de s'associer à ses efforts vers un idéal encore mal défini, mais dont le besoin la tourmente, de sentir son cœur battre tout près du sien, de se tenir avec elle et par elle l'esprit ouvert aux longs espoirs.

## VIII

De telles habitudes de pensée ne préparent pas à l'action. Scherer n'entra que tard dans la vie publique, et c'est le devoir patriotique qui seul le détermina. Depuis qu'il avait quitté Genève, il habitait Versailles, cette place de sûreté des réfugiés volontaires de la littérature et de la philosophie, disait Saint-Marc Girardin, cette ville des affections choisies, ajoutait Bersot. Comme Saint-Marc Girardin, comme Bersot, Scherer y a pendant de longues années joui de ses travaux et de quelques amitiés d'élite. Ce sont les événements de 1870 qui le firent sortir de la retraite laborieuse où, depuis 1860, il se consacrait exclusivement à ses études de critique littéraire et aux controverses de politique libérale qui n'étaient pas interdites par le gouvernement de l'Empire. Dans un journal qui restera comme un des plus précieux témoignages de cette douloureuse année, un publiciste de cœur et de talent, M. Émile Délerot, a raconté presque heure par heure l'histoire de Versailles durant l'occupation prussienne, les humiliations et les tortures morales infligées à une population inoffensive par un vainqueur sans ménagement, les représailles exercées par une soldatesque grossière sur Louis XIV et son souvenir, l'héroïsme tranquille des bons citoyens qui n'avaient d'autres armes à opposer à la violence que l'énergie de leur dévouement. Scherer fut au nombre de ceux que Versailles appela dans son conseil élu au lendemain de l'invasion, et tout le temps il demeura sur la brèche.

Président de la *Commission des logements*, il apportait dans cette fonction particulièrement délicate ses habitudes de régularité ponctuelle et triomphait de toutes les difficultés par une ténacité qui savait faire tête à la ruse comme à la force. « Il y avait à pourvoir aux réquisitions d'un corps de cinq mille hommes, à loger une partie de ces soldats chez les habitants, à leur fournir le combustible, des couvertures, des médicaments. Passe encore si l'on n'avait eu affaire qu'à l'autorité militaire, chez qui la rudesse était quelquefois tempérée par un sentiment d'équité; mais nous avions à nous débattre contre les vexations gratuites et les louches entreprises d'un préfet allemand.... Je n'oublierai jamais les journées passées dans l'Hôtel de Ville à signer des réquisitions et à tenir des délibérations,— aucun de nous n'ignorait la conséquence de ses actes,— les objets de prix cachés pour prévenir la confiscation, le logis attendant les garnisaires, le sac de nuit tout prêt pour le cas où il faudrait aller en prison ou être déporté en Allemagne. » Scherer ne s'occupait pas avec moins de zèle du ravitaillement moral de ses concitoyens, suivant l'heureuse expression appliquée par M. Legouvé aux assiégés de Paris. Pendant quelques semaines, il s'employa avec Bersot à soutenir un organe de défense, l'*Union de Seine-et-Oise*, bientôt supprimé par l'autorité allemande. L'article politique du dernier numéro (9 décembre), qui combattait l'idée mise en circulation par M. de Bismarck d'une restauration de l'Empire, est de sa main. Plus tard, nous le retrouvons aux conférences du soir, où des professeurs du lycée et des citoyens de bonne volonté, rivalisant de sollicitude, entretenaient les courages, heureux de ranimer pour eux-mêmes, par de patriotiques lectures, leur confiance dans l'avenir. C'est lui enfin dont un prisonnier de distinction, Gustave d'Alaux, rédacteur de la *Revue des Deux Mondes*, accusé d'avoir fourni des renseignements au *Journal des Débats*, réclamait l'assistance devant le Conseil de guerre, et voici comment Gustave d'Alaux rendait compte de la séance. « Dans un plaidoyer en langue allemande qui dura à peine une demi-heure, M. Scherer discuta avec une merveilleuse sagacité les deux questions de fait et de droit sur lesquelles roulait ma défense. Sa parole ferme et simple, où la logique la plus rigoureuse prenait les formes les plus conciliantes, impressionna visiblement le Conseil, et le lendemain j'apprenais qu'il n'était pas donné suite à mon affaire. » Au milieu de ces émotions, de ces angoisses, un trait de caractère est à relever. Le courage de Bersot était de ceux qui ne pouvaient se passer d'espérance : il n'admettait les mauvaises nouvelles que lorsqu'il n'y avait plus moyen de n'y pas ajouter foi. Scherer qui portait en tout sa clairvoyance inexorable et ne savait s'épargner à lui-même aucune souffrance, crut à la prise de Strasbourg alors que son ami s'obstinait à douter encore de la catastrophe. Ils en restèrent brouillés jusqu'au moment où la cruelle réalité les réconcilia dans un sentiment de commune douleur.

Le 8 juillet 1871, Scherer était nommé membre de l'Assemblée nationale par le département de Seine-et-Oise. A Versailles même, il avait obtenu presque autant de voix que M. Thiers : 2446 contre 2790. Il prit place au centre gauche. Vice-président du groupe en 1873, il travailla à maintenir l'union des diverses fractions du parti républicain, adopta l'amendement Wallon et l'ensemble des lois constitutionnelles. Le 15 décembre 1875, dans l'élection des sénateurs inamovibles, il passa au sixième tour de scrutin avec 343 suffrages sur 681 votants. Au Sénat, il se fit inscrire aux deux groupes de la gauche et du centre gauche, se prononça en 1877 contre la dissolution de la Chambre des députés et vota l'article 7 de la loi sur la liberté de l'enseignement. Scherer avait noté, chiffres et dates, ces événements de sa carrière, et ce serait presque manquer à sa mémoire que ne pas les rappeler avec précision.

Ses votes sont d'ailleurs les seuls incidents de sa vie politique. Très assidu aux séances des commissions, fort écouté dans les délibérations intérieures, il n'aimait pas à prendre part aux discussions publiques. Il ne parut à la tribune du Sénat que deux fois, la première pour défendre l'institution des inamovibles, la seconde au sujet des affaires d'Égypte, sur lesquelles il avait préparé un remarquable rapport. Il n'avait pas l'ampleur d'organe nécessaire pour les grandes Assemblées, et le sentiment de cette faiblesse le gênait. D'autres causes, dépendant du tour même de son esprit, nuisaient à son action. Il s'en rendait compte supérieurement. « Trois choses, dit-il avec une ingénuité hautaine dans une page écrite le 28 août 1884, trois choses ont eu bien des conséquences pour moi dans la vie. Comprenant vite et me rendant promptement à la vérité présentée, j'ai supporté impatiemment les longueurs dans les discussions et les développements dans les discours. Ne cherchant que la vérité et l'embrassant du premier coup, pour ainsi dire, je n'ai pas compris la nécessité d'une intervention répétée et insensible sur les esprits, et je ne m'y suis pas prêté : il me semblait que les instances devenaient inutiles là où je n'avais pas persuadé tout d'abord. Il y a enfin ceci de particulier chez moi, qu'il n'existe, pour ainsi parler, aucun intervalle entre la volonté et l'exécution, entre la vue de la conduite à tenir et les actes conformes à cette vue. Il ne me faut aucun effort pour obéir à ma persuasion. De là vient que je n'ai découvert que lentement, à la suite d'une longue expérience, combien je diffère en cela de la plupart des autres hommes, que je n'ai pas compris leur conduite, et que, dans l'habitude de la vie, je n'ai pas assez fait la part de leurs inconséquences et de leurs défaillances. »

La presse a été son véritable champ de bataille. Il appartenait au *Temps* depuis la fondation. Il est un des premiers que Nefftzer associa à son entreprise libérale. Il avait gardé pour lui une reconnaissance presque égale à celle qu'il avait vouée à Sainte-Beuve. Il ne se sépara du *Temps* pour entrer au *National* que pendant quelques semaines (mai à juin 1879), à l'occasion de la discussion sur la liberté de l'enseignement : il ne s'y sentait pas assez libre de discuter la loi dans la plénitude de son opinion très hostile à la Compagnie de Jésus. La proposition de la réunion du Congrès pour le retour des Chambres à Paris, que le *National* soutenait avec une ardeur qu'il ne partageait pas, lui fut un motif promptement saisi de reprendre sa place à côté de ses amis. Il n'a pas donné au *Temps* moins de 3500 articles;

il en avait fait le compte en ajoutant, pour chacun d'eux, l'indication du sujet traité. Il avait eu de bonne heure, à Strasbourg et à Genève, les instincts et presque la vocation du publiciste. Mais autre chose est une étude choisie par goût, méditée à loisir, écrite amoureusement, en vue d'un public d'élite, autre chose un article courant à propos d'un sujet sur lequel il faut avoir un avis tout de suite, un avis précis et clair, et que force est le plus souvent de livrer feuille par feuille aux presses qui l'attendent. Scherer ne se trouva pas sans quelque désarroi jeté en proie à des milliers de lecteurs inconnus et distraits. Accoutumé avant tout à se satisfaire, l'improvisation et ses hasards inévitables alarmaient sa conscience. Il lui en coûtait de tout subordonner à la nécessité d'être prêt. Et pour quel profit? Il ne cherchait point à se le dissimuler. « L'œuvre du journaliste est essentiellement éphémère; elle ne dure qu'à la condition de recommencer sans cesse; et, lorsque la main qui écrivait s'arrête, les pages qu'elle remplissait d'éloquence sont mortes et glacées comme elle. Plus le journaliste a l'esprit de sa tâche, plus il est docile aux impressions du moment. Mais aussi ses articles sont comme les feuilles d'automne qui, vertes et fraîches hier, sont aujourd'hui entassées au pied de l'arbre, sans couleur et sans vie! » Ces réflexions datent des années de début. Scherer ne fut pas long à s'aguerrir. De 1860 à 1870, sa plume alerte, aiguisée, lui avait créé, au *Temps*, avec moins d'éclat, mais non avec moins de solidité, une situation comparable à celle qu'occupait Prevost-Paradol au *Journal des Débats*. Mais c'est surtout à partir de 1871 que s'ouvrit pour lui la carrière.

Dans des articles quotidiens qui portaient le titre de *Lettres de Versailles*, il rendait compte des séances du Parlement avec une intelligence des mouvements de l'opinion, une pénétration des grandes et des petites intrigues, une sûreté de jugement, une ampleur de vues, une verve d'expression qui faisaient que l'article était chaque jour attendu comme une sorte de direction pour l'esprit public. Au témoignage de M. Thiers, Scherer était un des hommes qui entendaient le mieux le jeu de la vie parlementaire. Des trois origines auxquelles il se rattachait, l'origine qu'il tenait de sa mère était celle qui avait laissé en lui la plus forte empreinte. C'était un gentleman. Il en avait l'aspect, le caractère, les goûts. Il en eût aimé la vie absolument indépendante. Dans la réalité, la simplicité de sa vie le rendait peu sensible à la fortune. Mais ainsi envisagée, l'aisance large était devenue pour lui une question de dignité. Telle est sans doute la pensée, excitée par ses habitudes de collaboration à la presse financière et poursuivie avec sa ténacité confiante, à laquelle il a sacrifié ce que lui a coûté, à un moment, la fièvre des spéculations de bourse. De l'Anglais il avait surtout l'esprit profondément libéral. « On peut trouver l'Angleterre maussade, son climat triste et malsain, ses villes laides, ses habitants raides, ses institutions gothiques; on peut tout railler, tout maudire; mais il est une chose qu'on ne saurait nier : c'est là du moins que l'homme qui aime la liberté peut respirer à pleine poitrine; et la liberté est une vertu, car elle est avant tout le respect de la liberté d'autrui. » Scherer ne plaçait rien au-dessus de la liberté, pas même la vérité; ou plutôt, comme il croyait qu'il n'y a de vérité que celle qui se dégage de la discussion, il regardait le bâillonnement de l'un des tenants de la discussion comme la chose la plus regrettable pour la cause de la vérité.

Après la chute du chef du pouvoir exécutif, il continua la lutte avec véhémence. La République établie, et les affaires intérieures n'ayant pas pris le cours qu'il souhaitait, il s'en détacha peu à peu pour se tourner vers la politique étrangère. L'Allemagne était particulièrement l'objet de sa vigilance. Il y suivait le mouvement des esprits à travers les manifestations plus ou moins sincères de la presse nationale. Sa parfaite connaissance de la langue allemande lui permettait d'en pénétrer tous les secrets. Pendant l'occupation prussienne à Versailles, il adressait à la *Revue de Boston* une correspondance en anglais dont les lecteurs américains n'ont jamais soupçonné l'origine française; de 1873 à 1878 il a écrit dans le *Daily News* sans que personne reconnût sa plume. Il aurait de même pu se faire lire en Allemagne par des lecteurs allemands. Il n'a jamais cru aux passions belliqueuses de M. de Bismarck. Chaque fois qu'une émotion se produisait au sujet d'un incident de frontière, il calmait l'opinion, assuré que le signataire du traité de Francfort ne jouerait pas la fortune de son œuvre sur un coup de dés. Il avait prévu la disgrâce qui frapperait le chancelier de l'Empire, alors que le petit-fils de l'empereur Guillaume prendrait en mains le pouvoir. Il ne fondait aucun espoir sur l'union des peuples de race latine;

mais il tenait pour le rapprochement avec la Russie. Il aurait voulu surtout arracher l'Autriche à la triple alliance : pouvait-elle persister longtemps dans un pacte avec l'Italie dont la séparaient tant d'intérêts et de souvenirs? Ses articles, nourris de renseignements puisés aux meilleures sources, pleins de considérations élevées et d'aperçus politiques, étaient médités ailleurs qu'en France. Ils mériteraient d'être recueillis. Avec les *Lettres de Versailles*, ils formeraient un recueil précieux pour l'histoire.

S'il s'était détaché de la discussion des affaires du gouvernement intérieur, ce n'était point par l'effet d'une circonstance passagère et sur un malentendu. Le mouvement démocratique qui entraîne la société l'effrayait. A la fin de sa carrière, il avait engagé tout son esprit dans cette question. Il n'en est pas qui achève mieux de le faire connaître.

Scherer, est-il besoin de le dire, n'était pas un doctrinaire. Le propre du doctrinaire, tel qu'il le définissait, c'est de concevoir un ordre social conforme aux théories, sans avoir suffisamment égard aux faits. « Il faut que la multitude soit gouvernée; il faut que l'électeur soit instruit; il faut que l'éligible possède; il faut que le pouvoir se transmette sans secousse; il faut une aristocratie; il faut un gouvernement des classes moyennes; il faut un juste équilibre de toutes les forces de la nation; il faut de l'égalité dans les fortunes, de la proportion entre la population et les subsistances, des lumières et du bonheur pour tous. Noble idéal dont un gouvernement ne doit pas se désintéresser! Un gouvernement n'a même d'autre mission, à le bien prendre, que de conformer ce qui est à ce qui doit être, que de faire de plus en plus entrer l'idée dans le fait. Mais il n'en est pas moins vrai que le premier devoir de l'homme d'État est de faire la part des dispositions, des préjugés, des passions, de l'état réel, en un mot. Hors de là, l'œuvre du politique n'est qu'artifice. » Dans sa crainte ou son horreur de la chimère, Scherer allait jusqu'à proscrire des discussions de philosophie sociale « certains mots privilégiés, tels que le progrès, la philanthropie, l'humanité, certaines formules orthodoxes, devant lesquelles l'usage est de s'incliner sans que le respect convenu permette de leur demander ce qu'elles recouvrent ». Il les appelait des entités métaphysiques, et il semble que son ironie n'ait point assez de sarcasmes à leur jeter. — Le progrès dans les arts industriels et dans le bien-être général qu'ils procurent, le progrès matériel, en un mot, il l'admet. Et c'est quelque chose de considérable assurément, il ne le méconnaît point, que de diminuer la somme des misères, que d'augmenter la somme des jouissances pour le plus grand nombre. Mais le perfectionnement indéfini dans l'ordre moral, le développement de la droiture, de l'équité, de la modération, de la pudeur et de la délicatesse des sentiments, le développement du bonheur, c'est-à-dire du contentement de l'âme, par une évolution nécessaire, automatique, mathématiquement calculable, quel charlatanisme ou quelle duperie! — L'humanité, une grande famille, la famille universelle! « Ce lien de fraternité, le sentez-vous très distinctement quand vous rencontrez dans un voyage la figure d'un Japonais ou celle d'un Chinois? Entre nous et tout bas, la déesse Humanité ne ressemble-t-elle pas souvent à une guenon? Les phrases de nos humanitaires me rappellent toujours J.-J. Rousseau qui n'aurait pas hésité, disait-il, à donner sa fille au fils du bourreau, pourvu qu'il fût honnête homme. A la bonne heure, et j'adopte cette pierre de touche. Je croirai à l'humanité, quand tous les humains consentiront à se prendre et à se donner en mariage. C'est peut-être très mal à moi, mais je suis ainsi fait : l'humanité ne me dit rien ; le genre humain m'amuse, il m'intéresse, mais il ne m'inspire dans sa totalité ni respect, ni tendresse ; je décline la solidarité. » Scherer avait souvent de ces emportements d'Alceste, de ces décharges. Il flagellait les idées qu'il combattait.

N'était-ce qu'un mouvement d'impatience contre l'humanitarisme et les abus que font certaines écoles du mot et de la chose ? Avec Scherer, il faut toujours, comme il fait d'ailleurs lui-même pour tout le monde, remonter à la source des idées. L'individualisme ou le droit de la conscience était, nous le savons, la base sur laquelle il édifiait son système de réforme religieuse. L'autorité qui décide pour tous, le joug commun qui s'impose, le niveau le froissait. Il ne prenait d'intérêt qu'à la vie de l'individu. C'est dans l'individu seul qu'il trouvait l'élément du progrès par la transformation intérieure. Pour lui conserver sa force native, des sacrifices draconiens, en théorie du moins, ne l'auraient pas arrêté. Assurément il ne protestait pas contre la peine que la philanthropie se donne pour sauver les enfants chétifs et élever la moyenne de l'existence humaine. Mais il se demandait si cette sollicitude en faveur des débiles et des infirmes n'aurait point finalement pour résultat de compromettre la santé des générations futures et de porter atteinte à la race. Il ne mettait pas en balance « les humanités et l'humanité ». Mais il se disait à part soi que l'élévation relative des masses ne compenserait jamais, même pour les masses, l'absence de ces hommes qui faisaient les grands siècles, dont le nom était dans toutes les bouches, les œuvres dans toutes les mémoires et dont l'influence finissait par pénétrer insensiblement, même à leur insu, les dernières couches de la société. C'était, jusque dans les moelles, un tempérament de patricien. « On peut être démocrate par principe et par résignation, a-t-il écrit dans un article où rien ne provoquait cette profession de foi, être grand partisan de l'égalité des droits entre les citoyens, travailler même pour sa part à abaisser de plus en plus les distinctions de classe et de rang; cela n'empêche pas que, de préférence, on reste de son monde. » Les entraînements de la foule lui étaient insupportables. « Prenez garde, répliquait-il un jour, il ne faudrait pas beaucoup me pousser pour me faire dire : plus heureux que Victor Hugo, Lamartine n'a pas subi dans la mort la profanation de la popularité. »

Dans une note manuscrite, datée de septembre 1842, et parmi d'autres réflexions intitulées *Politica*, je lis ce passage : « La société marche à la démocratie; quelles que soient les prédilections de ceux qui détiennent le pouvoir, il faut qu'ils s'y résignent et qu'ils s'y prêtent. Or que doivent-ils se proposer? De préparer l'avenir en faisant l'éducation du peuple.... Mais cette tâche éducatrice en implique une autre, à savoir de ralentir le mouvement démocratique, en lui refusant le droit d'une réalisation immédiate,.... en un mot, de chercher à imprimer au progrès social le caractère d'un développement organique, de consommer l'alliance des antécédents historiques et des théories rationnelles par la gradation du passage de l'état ancien à la forme nouvelle, par la lutte intelligente des deux partis que renferme nécessairement toute société, celui du mouvement et celui de la résistance.... Autrement on ira aux abîmes. » En présence de ces vues méditées de longue date, on s'étonnerait que Scherer fût entré franchement dans l'esprit du gouvernement démocratique où les événements, disait-il, avaient soudain précipité le pays. Il a plus d'une fois fait le procès du suffrage universel, dans ses dernières années surtout, sans lui ménager les qualifications les plus sévères. Tout entier comme toujours à son sentiment, ne tenant compte ni des difficultés particulières à l'heure présente, ni de la force et des ressources du bon sens national, il jetait publiquement l'anathème.

A ses yeux, « entendue à la mode du jour », la démocratie brisait tous les ressorts de l'administration intérieure et n'était pas moins fatale à la conduite des intérêts internationaux, faute de suite et de secret. Elle compromettait la gestion des finances, chacun se croyant autorisé à réclamer sa part des ressources communes, et l'État étant réduit à se faire le pourvoyeur de toutes les convoitises. Elle pervertissait la notion de la liberté, qu'elle réduisait, ou peu s'en faut, à la liberté politique, laquelle devenait elle-même, entre les mains des partis, tour à tour maîtres du pouvoir, une arme contre les vaincus. Elle dénaturait le sentiment de l'égalité qui, perdant son caractère de fraternité civile, n'était plus qu'un prétexte d'abaissement général et de nivellement. Elle introduisait enfin dans l'esprit public, avec la fièvre du changement et le mépris délibéré de la tradition, l'habitude et le goût d'une instabilité funeste. Considérée hors du gouvernement et envisagée dans ses effets sur l'éducation du pays, la démocratie, envieuse et jalouse, ravalait les instincts généreux, suscitait les appétits grossiers, faussait les esprits, aigrissait les caractères, décourageait l'art et la poésie, flétrissait tout, déconcertait tout, dissolvait jusqu'à la langue. Dans ce milieu déprimé et malsain, les hommes distingués ne se formaient plus. Ils se produiraient qu'on n'en saurait que faire. La démocratie était le tombeau du talent. « Toute vallée sera comblée, annonçaient jadis les prophètes d'Israël, et toute montagne sera abaissée. Ainsi soit-il. Le monde, de ce train, ressemblera un jour à la plaine Saint-Denis. Et dire ce qu'il en aura coûté de cris et d'écrits, d'encre et de sang, d'enthousiasmes et de sacrifices pour réaliser cet idéal ! Faut-il croire que, dans cette incessante transformation de l'univers où les peuples succèdent aux peuples, la démocratie sera pour la société française ce qu'a été jadis pour la société romaine l'invasion des barbares? »

On remarqua ces conclusions désespérées et

désespérantes, présentées avec une sincérité agressive. Ce fut Scherer qui se chargea lui-même de calmer en partie l'émotion qu'il avait soulevée. Il ne regrettait rien de ce qui avait pu mettre l'esprit public en éveil. Les conseils sans saveur sont des conseils sans portée. *Amara salutifera.* Aussi bien est-ce à lui qu'il fallait rappeler l'invincible autorité des faits? Qui pouvait être plus persuadé que la démocratie et le suffrage universel résultent, eux aussi, de cette dialectique secrète qui pose les questions, chacune à son tour, dans le monde et les résout souverainement? N'avait-il pas écrit : « La démocratie n'est pas une théorie, une institution qu'on établit et qu'on renverse; c'est un état de la société sorti de l'histoire des peuples et de la nature des choses. Il n'est rien de faux comme ce qui est impuissant, et rien d'impuissant comme les protestations contre la nature et l'histoire. » En même temps qu'il s'inclinait devant la nécessité du gouvernement démocratique, il faisait valoir les bienfaits qui lui étaient dus. Fils de la Révolution, il en célébrait les principes. « Comment ne pas reconnaître que l'humanité a fait de nos jours un pas immense dans la voie de son amélioration? Je ne crois pas qu'à cet égard, sauf peut-être le siècle des Antonins, l'histoire nous offre une période comparable aux cinquante premières années de ce siècle. Jamais on n'avait vu l'action de la société tendre aussi efficacement au noble but qui lui est proposé : faire jouir le plus grand nombre d'individus possible du bien physique et moral. » Sagement réglé, l'état démocratique est donc une juste extension des lois de l'équité sociale; le suffrage universel lui-même, honnêtement appliqué, peut être l'instrument d'apaisement et de salut. Aussi le devoir des esprits modérés est-il de travailler à surmonter les répugnances des timides en les réconciliant avec l'inévitable et de tempérer chez les croyants un enthousiasme gros de déceptions et de périls.

Aux conservateurs qui rêvent le retour au passé il disait : Une fois arrivée au suffrage universel, la démocratie, en pleine possession de son activité, substitue nécessairement le pouvoir électif au pouvoir héréditaire, la république à la monarchie. La France est en république : il faut qu'elle y reste. La politique ne doit se fonder que sur le réel ou le possible. Or les éléments de la monarchie font défaut à la France. La monarchie ne pourrait être que la dictature ou le retour à la royauté historique, par conséquent à la royauté dynastique. Mais la société moderne n'accepte la dictature que comme remède à l'anarchie, et elle ne la supporte que pour un temps, c'est-à-dire jusqu'à ce qu'elle se sente assez rassurée pour en secouer de nouveau la tutelle. Quant à la royauté, elle n'a plus de racines dans notre sol. Elle peut conserver sa signification là où elle sert de lien entre le passé et le présent. « Mais, je le demande aux gens sincères : la royauté, ainsi comprise, est-elle possible dans un pays qui a pris plaisir à briser ses traditions et met son orgueil à ne vouloir dater que d'hier? Je le dis avec le regret d'un homme qui attache quelque importance aux transitions et aux transactions : les conditions morales de la vie manquent chez nous à la royauté; elle n'y a plus eu, depuis la Révolution, elle ne saurait plus y avoir qu'une existence factice et éphémère. » — Aux radicaux impatients de toute règle et toujours en quête de revision il tenait ce langage : Il n'est pas de pire danger pour une constitution politique que de remettre sans cesse les principes en question, et il n'est pas de danger plus inutile à créer. Un pays dans lequel la vie circule, grâce aux franchises de la discussion, par la presse et les livres, ne risque guère que sa charte le gêne. Il la façonne sans cesse à son image. Il corrige continuellement la lettre par l'esprit. — Aux uns et aux autres il répétait : Songez au pays, non à un pays idéal, au vrai pays. Le gouvernement d'un peuple consiste à concilier des opinions, à ménager des passions, à accorder des intérêts, à tenir compte des habitudes, des progrès, des travers. C'est pour la France entière que le gouvernement gouverne et que le Parlement légifère, pour les provinciaux aussi bien que pour les Parisiens, pour le paysan attaché au sol aussi bien que pour l'ouvrier embrigadé dans les usines. Il faudrait en particulier ne jamais perdre de vue la distinction à faire entre le pays actif et le pays passif, c'est-à-dire ces masses profondes qui vivent au jour le jour et qui forment, au-dessous de la couche mobile des hommes politiques ou des politiciens, la grande stratification de la nation. Justement parce que ces masses sont inertes le plus souvent, leur force de résistance ou d'entraînement, une fois éveillée, est considérable. — A tous enfin il demandait de faire front contre les chimères, de ne pas rêver eux-mêmes et de ne pas donner à rêver au peuple ce qu'aucune organisation politique ne pouvait lui procurer. « Ramené à son vrai sens, le progrès social ne saurait assurer le bonheur de personne, encore moins nous promettre celui du genre humain. Le bonheur est avant tout état de l'âme, affaire de disposition, philosophie de la vie, si bien qu'on peut être heureux avec peu de jouissances, et misérable avec la facilité de satisfaire tous ses désirs. Il se pourrait même que le progrès allât ici à contre-fin, le contentement étant un produit de la sagesse, et la sagesse étant le fruit d'une culture intellectuelle plus raffinée que ne le comporte, selon toute apparence, le nivellement démocratique. Il faut en prendre son parti : les hommes perdent d'un côté le plus souvent ce qu'ils gagnent de l'autre, et l'histoire est condamnée à rester jusqu'au bout une cote mal taillée. »

Lorsque Scherer donnait ces conseils de haute et fine raison, était-il aussi confiant dans leur efficacité qu'il se sentait sûr de leur justesse? Je ne voudrais point paraître abuser contre lui de sa propre sagesse. Il n'admettait pas qu'on tirât à soi la conscience des morts. Il désirait être pris nettement en toute chose pour ce qu'il était. Mais c'est lui-même qui le dit, et nous aimons à trouver dans ce passage la dernière expression de sa pensée. « Il y a longtemps que j'aurais renoncé à la vie publique si, dans le plus intime de mon esprit, je n'étais persuadé qu'il n'est point de situation si grave — non, pas même le vaisseau qui sombre ni le radeau du naufragé — où il ne reste quelque chose à essayer et, dans tous les cas, le devoir de faire son devoir. A plus forte raison, dans ce pauvre et cher pays de France qui a souvent, il est vrai, désolé le cœur de ceux qui l'aiment, mais qui a quelquefois aussi, par des retours subits de raison et de patriotisme, démenti les prévisions de ses ennemis. » Pour employer une image à laquelle il revient souvent, si le ciel lui paraissait enveloppé d'une brume épaisse, il avait le regard toujours tendu vers l'horizon, attendant l'embellie et cherchant e point d'où jaillirait la lumière.

## IX

La vieillesse lui fut douce. La vie ne l'avait pas ménagé. De ses trois fils, celui sur lequel reposaient ses espérances était mort au moment où s'ouvrait l'avenir; les deux autres ne lui avaient guère fait connaître que les angoisses de l'amour paternel. Ces malheurs avaient, comme tout dans son existence, passé la commune mesure et pris par leur violence inattendue ou leurs péripéties cruelles le caractère d'un drame. Il s'étonnait d'avoir résisté. « Je les ai perdus tous deux, disait-il en parlant de son cher fils et de sa femme enlevée prématurément peu après, et mon âme ne s'est pas brisée ! » Le travail, un travail plus intense encore que de coutume, avait rendu à son esprit la tranquillité. Il le retrempait aussi dans les affections de famille qui lui restaient; il avait pour ses petits-enfants des trésors de tendresse caressante[1]. Enfin l'âge était venu, qui fait sur tous son œuvre d'apaisement. Jamais peut-être, même pendant son séjour à Strasbourg, il n'avait été plus sensible au plaisir de vivre, ni plus touché des beautés de la nature. Chaque année, depuis que l'une de ses filles s'était alliée à la famille de la Rive, il retournait en Suisse : il en goûtait avec un sentiment toujours frais et jeune les gracieux aspects, les horizons grandioses. A Versailles, il se plaisait sous les ombrages des bois qu'il avait tant de fois parcourus avec Bersot. Les jardins de Trianon, au renouveau du printemps ou au clair soleil d'automne, le ravissaient. Et un soir,

1. On en jugera par ce qu'il écrivait à un ami qui venait de perdre un enfant (12 janvier 1859) : « Je voudrais vous prendre la main, la serrer et pleurer avec vous. Les paroles me semblent presque cruelles dans des moments comme ceux-ci, tant elles sont vaines et impuissantes! Nous avons aussi perdu un enfant, notre premier, et mes yeux le cherchent encore. Il me manque à ma table et à mon foyer. Le temps adoucit beaucoup, mais n'efface point... Vos amis des Grottes sentent, en cette circonstance, combien ils vous aiment. »

après une de ces promenades où il s'était rassasié de calme et de lumière, comme il lisait à sa fille, restée sa dévouée compagne, une page qui le charmait : « Sommes-nous heureux! » s'écria-t-il.

Ce bonheur, il ne le concevait pas autrement pour lui que pour tout le monde. Il avait souvent pensé à écrire un traité sur la question ; les têtes de chapitre étaient même rédigées. Convaincu après réflexion que la meilleure condition pour être heureux, c'est la bonne humeur, il s'était détaché de son projet. Il s'estimait lui-même à ce moment le plus heureux des hommes, et il l'était en effet, ajoute-t-il, parce qu'il en était persuadé et que la persuasion constitue ici la possession. « Être heureux, c'est avoir pris la mesure du bonheur et sa propre mesure à soi ; il n'est rien de tel, pour ne pas se brouiller avec la vie, que de n'en point trop attendre. » C'est en mars 1888 qu'il exprimait ce sentiment. L'année suivante, quelques semaines avant sa mort, il le renouvelait dans une sorte de consultation adressée à un jeune et brillant écrivain qui s'était interrogé sur le sens de la vie. « L'univers est un fait : ce n'est pas nous qui le régissons; il n'y a qu'à s'y soumettre.... Pour être sèches ou amères, ces vérités ne sont pas sans fruit. C'est quelque chose d'avoir appris que parmi les problèmes qui ont le plus agité l'esprit humain, il en est qui n'ont point de solution ni même de sens. Et l'acceptation des choses telles qu'elles sont, l'habitude de les prendre comme les inéluctables conditions de la vie est une assez belle recette de résignation. Si l'on ne souffre pas moins, on s'irrite moins de sa souffrance, les angoisses ne se mêlent plus d'aigreurs, les regrets d'emportements. La protestation de la moralité humaine contre l'immoralité de la nature et de l'histoire subsiste : c'est à désirer; mais elle perd la forme fébrile et enfantine de la révolte. O univers! disait saint Marc-Aurèle, je veux ce que tu veux. » Tout en lui s'était détendu. C'était le repos, non pas le repos de l'athlète qui jouit de sa victoire, — celui du voyageur qui de la cime, lentement et péniblement gravie, contemple avec une satisfaction mélancolique le long chemin qu'il a parcouru.

J'imagine que plus d'une fois Scherer a dû embrasser ainsi du regard l'ensemble de sa carrière. Bien souvent il s'est plaint d'être né sur les confins de deux civilisations et partagé entre deux mondes, le monde de la foi et le monde de la science. Mais n'est-ce pas là précisément ce qui fait son originalité et sa grandeur? Chacun de nous porte en soi deux hommes : celui qu'il a hérité de ses pères, celui qu'il a fait lui-même et qu'il lègue à ses enfants. Chacun de nous aussi est tributaire du sentiment et de la raison. Longtemps séparés et comme isolés l'un de l'autre chez Scherer, les deux hommes, un jour, ont été aux prises; le sentiment et la raison sont entrés en lutte. C'est cette lutte, de plus en plus inégale, mais jusqu'au bout persistante, qui donne à sa vie un si pénétrant intérêt. Rêveur et raisonneur, dialecticien et mystique, paradoxal et naïf, subtil et puissant, ardent disciple de Hegel et tendre admirateur de Lamartine, Scherer aimait à réduire à néant toutes les argumentations, la sienne comme celle des autres; il avait des exaltations de satisfaction intellectuelle, quand il arrivait à se prouver l'insuffisance des explications communes et à humilier la pensée humaine devant les irréfutables découvertes de la science. Puis, alors qu'on l'eût cru accablé sous les ruines qu'il avait accumulées, tout d'un coup, par un mot, un soupir, un regret, il se redressait, et, comme l'oiseau mortellement blessé du poète qui veut mourir au plus haut des airs, il semblait s'élancer vers ce ciel qu'il avait fermé sur sa tête. Inébranlable dans les conclusions où il s'était fixé, ne sacrifiant rien, ne dissimulant rien du travail implacable de son intelligence, s'il avait brisé sans retour avec les doctrines de sa croyance première, il n'en désavouait ni l'inspiration, ni le souvenir. Il a pu dire qu'il n'avait jamais cherché l'éclat; il ne tenait qu'à sa propre estime. L'énergie de ses convictions n'avait d'égale que la franchise de son désintéressement. « Il est un mot de Saint-Martin que je prendrais volontiers pour épigraphe, écrivait-il en publiant en 1860 ses *Mélanges religieux* : la vie nous a été donnée pour que chacune des minutes dont elle se compose soit échangée contre une parcelle de vérité. Assurément je ne suis pas de ceux qui peuvent se vanter d'avoir ainsi employé leur existence, et cependant j'ose me rendre ce témoignage : oui, c'est bien ainsi que j'ai compris la vie. » Ce témoignage, il avait le droit de se le rendre plus complet encore au déclin de sa carrière. Tel était bien le « noble et saint idéal » qu'à ses risques et périls il avait poursuivi. Par ses heureux retours de sentiment comme par ses hardiesses de raison, par sa simplicité et sa droiture, Scherer a mérité de prendre rang dans la famille des penseurs, parmi ceux qu'il appelait les « grands sincères ».

Septembre 1889.

20623. — Imprimerie A. Lahure, rue de Fleurus, à Paris.

# BIBLIOTHÈQUE VARIÉE, FORMAT IN-16, A 3 FR. 50 LE VOLUME

## EXTRAIT DU CATALOGUE

**ALBERT** (Paul) : *La poésie*. 1 vol.
— *La prose*. 1 vol.
— *La littérature française, des origines à la fin du XVIe siècle*. 1 vol.
— *La littérature française au XVIIe siècle*. 1 v.
— *La littérature française au XVIIIe siècle*. 1 v.
— *La littérature française au XIXe siècle* : les origines du romantisme. 2 vol.
— *Variétés morales et littéraires*. 1 vol.
— *Poètes et poésies*. 1 vol.

**BARINE** (Arvède) : *Portraits de femmes*. 1 vol.

**BERGER** (A.) : *Histoire de l'éloquence latine*. 2 vol.

**BERTHAULT** : *La guerre de Troie*, ou la fin de l'*Iliade*, d'après Quintus de Smyrne, traduction nouvelle. 1 vol.

**BIGOT** (Ch.) : *Questions d'enseignement secondaire*. 1 vol.
— *Peintres français contemporains*. 1 vol.

**BOISSIER**, de l'Académie française : *Cicéron et ses amis*. 1 vol.
— *La religion romaine d'Auguste aux Antonins*. 2 vol.
— *Promenades archéologiques : Rome et Pompéi*. 1 vol.
— *Nouvelles promenades archéologiques : Horace et Virgile*. 1 vol.
— *L'opposition sous les Césars*. 1 vol.

**BOSSERT** (A.) : inspecteur général de l'instruction publique : *La littérature allemande au moyen âge et les origines de l'épopée germanique*. 1 vol
— *Gœthe et Schiller*. 1 vol.
— *Gœthe, ses précurseurs et ses contemporains*. 1 vol.

**BRÉDIF** (L.) : *L'éloquence politique en Grèce : Demosthène*. 1 vol.

**BRUNETIÈRE** : *Études critiques sur l'histoire de la littérature française*. 3 séries formant 3 vol. qui se vendent séparément.

**CHERBULIEZ** (V.), de l'Académie française : *Etudes de littérature et d'art*. 1 vol.

**DELTOUR**, inspecteur général de l'instruction publique : *Les ennemis de Racine au XVIIe siècle*. 1 vol.

**DEMOGEOT** : *Notes sur diverses questions de métaphysique et de littérature*. 1 vol.

**DESCHANEL** (E.), professeur au Collège de France : *Etudes sur Aristophane*. 1 vol.

**DESPOIS** (E.) : *Le théâtre français sous Louis XIV*. 1 vol.

**DU CAMP** (M.), de l'Académie française : *Histoire et critique*. 1 vol.

**GEBHART** (E.), professeur à la Faculté des lettres de Paris : *De l'Italie*. 1 vol.
— *Les origines de la Renaissance en Italie*. 1 volume.

**GEFFROY**, de l'Institut : *Madame de Maintenon, d'après sa correspondance authentique*, choix de ses lettres et entretiens. 2 vol.

**GIRARD** (J.), de l'Institut : *Etudes sur l'éloquence attique*. 1 vol.
— *Le sentiment religieux en Grèce, d'Homère à Eschyle*. 1 vol.
— *Etudes sur la poésie grecque*. 1 vol.
— *Essai sur Thucydide*. 1 vol.

**GRÉARD** (O.), de l'Académie française : *L'éducation des femmes par les femmes*. 1 vol.
— *Éducation et instruction*. 4 vol.

**LA BRIÈRE** (L. de) : *Madame de Sévigné en Bretagne*. 1 vol.

**LARROUMET** (G.), maître de conférences à la Faculté des lettres de Paris : *La comédie de Molière*. 1 vol.

**LENIENT**, professeur à la Faculté des lettres de Paris : *La satire en France au moyen âge*. 1 vol.
— *La satire en France, ou la littérature militante au XVIe siècle*. 2 vol.

**LICHTENBERGER**, professeur à la Faculté des lettres de Paris : *Etude sur les poésies lyriques de Gœthe*. 1 vol.

**MARTHA** (C.), de l'Institut : *Les moralistes sous l'empire romain*. 1 vol.
— *Le poème de Lucrèce*. 1 vol.
— *La délicatesse dans l'art*. 1 vol.

**MEUGY** : *La poésie de la musique*. 1 vol.

**MEZIÈRES** (A.), de l'Académie française : *Shakespeare, ses œuvres et ses critiques*. 1 vol.
— *Prédécesseurs et contemporains de Shakespeare*. 1 vol.
— *Contemporains et successeurs de Shakespeare*. 1 vol.
— *Hors de France* : Italie, Espagne, Angleterre, Grèce moderne. 1 vol.
— *En France* : XVIIIe et XIXe siècles. 1 vol.

**MONTÉGUT** (E.) : *Poètes et artistes de l'Italie*. 1 vol.
— *Types littéraires et fantaisies esthétiques*. 1 vol.
— *Essais sur la littérature anglaise*. 1 vol.
— *Nos morts contemporains*. 2 vol.
— *Les écrivains modernes de l'Angleterre*. 1 vol.
— *Livres et âmes des pays d'Orient*. 1 vol.
— *Choses du Nord et du Midi*. 1 vol.
— *Mélanges critiques*. 1 vol.

**NISARD**, de l'Académie française : *Etudes de mœurs et de critique sur les poètes latins de la décadence*. 2 vol.

**NOURRISSON** (J.), de l'Institut : *Les Pères de l'Eglise latine*. 2 vol.

**PARIS** (G.), de l'Institut : *La poésie du moyen âge*, leçons et lectures. 1 vol.

**PATIN** : *Etudes sur les tragiques grecs*
*Etudes sur Eschyle*. 1 vol.
*Etudes sur Sophocle*. 1 vol.
*Etudes sur Euripide*. 2 vol.
— *Etudes sur la poésie latine*. 2 vol.
— *Discours et mélanges littéraires*. 1 vol.

**PRÉVOST-PARADOL** : *Etudes sur les moralistes français*. 1 vol.

**RELAVE** (l'abbé) : *La vie et les œuvres de Töpffer*. 1 vol.

**SAINT-ALBIN** (A. de) : *La poésie des livres saints* (Ancien Testament). 1 vol.

**SAINTE-BEUVE** : *Port-Royal*. 7 vol.

**STAPFER** (P.), professeur à la Faculté des lettres de Bordeaux : *Molière et Shakespeare*. 1 vol.

**TAINE** (H.), de l'Académie française : *Essai sur Tite-Live*. 1 vol.
— *Essais de critique et d'histoire*. 1 vol.
— *Nouveaux Essais de critique et d'histoire*. 1 vol.
— *Histoire de la littérature anglaise*. 5 vol.
— *La Fontaine et ses fables*. 1 vol.
— *Les philosophes classiques du XIXe siècle*. 1 vol.

**TRÉVERRET** (de), professeur à la Faculté des lettres de Bordeaux : *L'Italie au XVIe siècle*. 2 vol.

22409. — Imprimerie A. Lahure, 9, rue de Fleurus, à Paris

www.ingramcontent.com/pod-product-compliance
Ingram Content Group UK Ltd.
Pitfield, Milton Keynes, MK11 3LW, UK
UKHW021134260726
13994UKWH00001B/126